BASI DI DATI
PROGETTAZIONE, REALIZZAZIONE E PROGRAMMAZIONE

Appunti dalle lezioni
per Tecnici Informatici

Roberto Bandiera

2023

Copyright © 2023 by Roberto Bandiera

All rights reserved. This book or any portion thereof may not be reproduced or used in any manner whatsoever without the express written permission of the publisher except for the use of brief quotations in a book review or scholarly journal.

First Printing: 2023

Tutti i diritti riservati. Questo libro o parte di esso non possono essere riprodotti o utilizzati senza l'esplicito permesso dell'autore, tranne che per brevi citazioni.

Prima Edizione: 2023

Versione Stampata – ISBN 978-1-4477-9940-5
Marchio editoriale: Lulu.com

Roberto Bandiera
Castelfranco Veneto (TV), Italia
http://robertobandiera.altervista.org
robertobandiera@altervista.org

Presentazione

Il lettore viene guidato nelle diverse fasi della progettazione e realizzazione di un database relazionale.
Nelle numerose esemplificazioni pratiche viene utilizzato MySQL come software di gestione database.
Viene poi trattato il linguaggio SQL per interrogare ed aggiornare il database.
Infine vengono presentate le tecniche e gli strumenti per realizzare una applicazione gestionale con il linguaggio C#.
Vengono trattati sia l'approccio tradizionale con ADO.NET e anche un approccio moderno con Entity Framework che è un software ORM (Object Relational Mapping).
Il lettore è invitato a svolgere degli esercizi per verificare la comprensione dei concetti e poi confrontare la soluzione proposta con la propria.

Per Errata Corrige e Materiali Integrativi vedere la apposita pagina nel sito
http://robertobandiera.altervista.org/LibroBasiDiDati

L'autore è stato tutor di Basi di Dati per 5 anni nei corsi di Ingegneria Informatica dell'Università di Padova e da 20 anni insegna Informatica all'Istituto Tecnico Tecnologico "E. Barsanti" di Castelfranco Veneto.
Il suo curriculum dettagliato è visibile nel sito
http://robertobandiera.altervista.org/

Indice

PRESENTAZIONE 1
INDICE 3
1. INTRODUZIONE AI DATABASE 5
   DALLA GESTIONE TRADIZIONALE DEGLI ARCHIVI DI DATI AI DATABASE 5
   DIVERSI TIPI DI DATABASE 7
   MODELLI PER LE BASI DI DATI 7
   UTILIZZO DI UN DATABASE 9
2. LA PROGETTAZIONE DI UN DATABASE 11
   LE FASI DELLA PROGETTAZIONE 11
   IL LINGUAGGIO SQL 12
   IL MODELLO E/R 13
   NAVIGAZIONE NEL DIAGRAMMA E/R 20
   ASSOCIAZIONI MULTIPLE TRA DUE ENTITA' 21
   ASSOCIAZIONI INTERNE 24
   ASSOCIAZIONI TERNARIE 25
3. IL MODELLO RELAZIONALE 30
   NOTAZIONI PER LE TABELLE 32
   MAPPING 32
   VINCOLO 1FN 36
4. REALIZZAZIONE FISICA DEL DATABASE 39
   PROPRIETA' DELLE TABELLE DEL DATABASE 47
   GLI INDICI 47
   LE AZIONI REFERENZIALI 49
   SOTTOINSIEMI E GERARCHIE DI SPECIALIZZAZIONE 52
5. LE FORME NORMALI 57
   ELIMINAZIONE DELLA RIDONDANZA 60
   LA BCNF - BOYCE-CODD NORMAL FORM 69
   APPROFONDIMENTO: DIPENDENZE MULTIVALORE E 4FN 72
   CONSIDERAZIONI CONCLUSIVE SULLA NORMALIZZAZIONE 75
6. INTERROGAZIONE DI UN DATABASE 78
   FUNZIONI PER LE DATE DI MYSQL 83
   TIPI DI JOIN 85
   NAVIGAZIONE NELLO SCHEMA RELAZIONALE 95
   QUERY DI SINTESI 97
   QUERY CON RAGGRUPPAMENTI 103
   QUERY COMPOSTE 104
   APPROFONDIMENTO: LOGICA A 3 VALORI DI SQL 111
   OPERAZIONI INSIEMISTICHE 114
   QUERY DI AGGIORNAMENTO DEI DATI 119
   COME RECUPERARE DATI IN CASO DI OPERAZIONI DI DELETE E UPDATE ACCIDENTALI 121

7. AUTOMAZIONE DEL DATABASE ... 124
TRIGGER ... 124
BEFORE TRIGGER ... 128
AFTER TRIGGER ... 129
STORED PROCEDURE ... 131

8. TRANSAZIONI ... 136
ATOMICITA' ... 137
CONSISTENZA ... 139
ISOLAMENTO ... 141
DURABILITA' (PERSISTENZA) ... 149

9. SICUREZZA DEL DATABASE ... 151
LE VISTE DEL DATABASE ... 151
UTENTI E PRIVILEGI ... 153

10. PROGRAMMAZIONE DI UN DATABASE ... 154
10.1 METODO TRADIZIONALE ... 155
LA RESTITUZIONE DI DATI PROVENIENTI DA PIÙ TABELLE ... 165
VALORI NULL ... 166
IL DATAADAPTER ... 167
APPROFONDIMENTO: GESTIRE DIVERSE FONTI DI DATI ... 172
TRANSAZIONI ... 173
10.2 USO DI UN FRAMEWORK ORM ... 176
CONFIGURAZIONE VS CONVENZIONE ... 178
VALORI NULL ... 186
CACHING E CHANGE TRACKING ... 187
APPROFONDIMENTO ... 189
10.3 USO DI DAPPER ... 190
DAPPER.TRANSACTION ... 197

11. RICERCHE FULL TEXT ... 199
CENNI DI INFORMATION RETRIEVAL ... 199
RICERCHE FULL TEXT CON MYSQL ... 202
QUERY IN "NATURAL LANGUAGE MODE" ... 205
QUERY IN "NATURAL LANGUAGE MODE WITH QUERY EXPANSION" ... 206
QUERY IN "BOOLEAN MODE" ... 207
STEMMING E SINONIMI ... 208

APPENDICE 1 - PHP E LA CLASSE PDO ... 209
APPENDICE 2 – UTILIZZO DI STORED PROCEDURE ... 214
APPENDICE 3 – GENERATORE DI CLASSI ... 220
APPENDICE 4 – ELENCO STOPWORD ... 224

1. Introduzione ai database

Dalla gestione tradizionale degli archivi di dati ai database

La gestione tradizionale dei dati aziendali prevedeva che diverse applicazioni operassero ciascuna sul proprio archivio di dati.

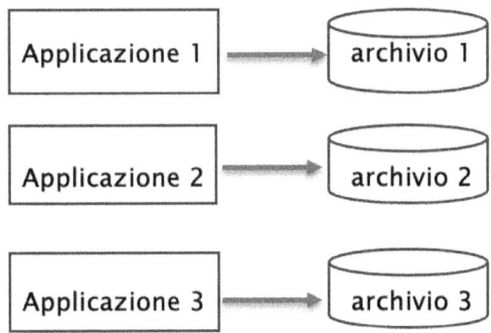

Gestione tradizionale degli archivi di dati

Ogni applicazione contiene la definizione della struttura dei dati che utilizza e pertanto ogni archivio di dati può essere utilizzato solo dall'applicazione che lo ha creato.
Si ha così una situazione di **dipendenza** dei programmi applicativi dalla struttura dei dati presenti negli archivi.
In questa situazione si ha tipicamente una certa **ridondanza** dei dati memorizzati nei diversi archivi, ovvero si ha la ripetizione dei dati che sono utilizzati da diverse applicazioni.
Ad esempio il numero di telefono del professor Bandiera è memorizzato sia nell'archivio dell'ufficio del personale, sia nell'archivio dell'ufficio didattico in quanto è un dato utile agli scopi dei diversi uffici amministrativi.
Se il professore cambia il proprio numero di telefono, si dovranno avvisare tutti gli uffici che ne fanno uso, con il rischio che una dimenticanza comporti un mancato aggiornamento e quindi la presenza di dati errati in qualche archivio.
In questo caso si verifica una situazione di **inconsistenza** dei dati archiviati.

Per evitare questi problemi, conviene attuare una **gestione integrata dei dati**, realizzando una **base di dati (database)**.
Risulta pertanto necessario aggiungere uno strato di software con funzioni di intermediazione nell'accesso ai dati: si tratta del **sistema di gestione della base di dati**, detto anche **DBMS** (Database Management System).

> Un **database** può essere definito come una **collezione** di archivi di dati **strutturati** e **collegati** tra di loro.

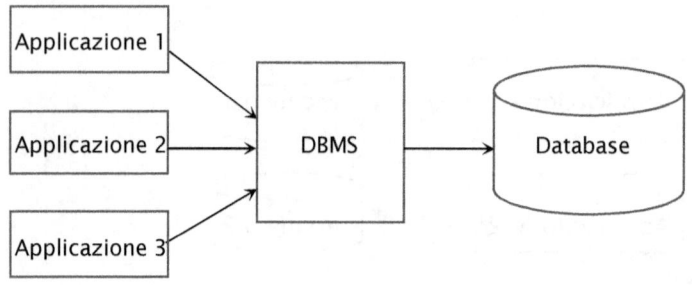

Gestione integrata dei dati

E' il DBMS che si occupa di gestire l'archiviazione dei dati, non più le singole applicazioni. In questo modo, la struttura dei dati non viene più inserita nel codice delle applicazioni, ma piuttosto viene memorizzata all'interno del database stesso, si tratta del cosiddetto **dizionario dei dati**, che viene detto anche "information schema".
Si ha così il vantaggio di rendere i programmi applicativi **indipendenti** dalla struttura dei dati. Infatti, risulta possibile modificare la struttura logica del database e anche la sua realizzazione fisica, senza dover modificare i programmi applicativi e addirittura senza doverli nemmeno ricompilare.
Inoltre, la gestione integrata dei dati consente di eliminare la ridondanza dei dati e quindi si evita il maggior lavoro che essa richiedeva per l'aggiornamento dei dati nella gestione tradizionale.
L'**assenza di ridondanza** evita il rischio di avere dati inconsistenti.

Diversi tipi di database

Sebbene il termine inglese utilizzato sia sempre "**database**", è utile distinguere diverse categorie di collezioni di dati.

Le **basi di dati** sono collezioni di dati strutturati e collegati tra loro.
Esse sono gestite dai DBMS.
Le interrogazioni producono sempre risultati certi al 100%. Ad esempio, se cerco i nomi degli studenti della classe "1A" otterrò sempre tutti e soli i nomi degli studenti di tale classe.

Le **basi di dati statistiche** sono collezioni di dati non collegati tra loro.
I dati contenuti non hanno valore presi singolarmente ma solo nel loro complesso. I dati inseriti non vengono modificati.
Esse vengono utilizzate per ricavare modelli interpretativi sui fenomeni da cui hanno avuto origine i dati stessi, grazie a tecniche statistiche o di machine learning.

Le **banche dati** sono collezioni di documenti multimediali non strutturati, eventualmente collegati tra di loro mediante dei link semantici.
Si tratta ad esempio di una raccolta di archivi di notizie di un giornale, dell'archivio dei filmati della RAI, delle pagine del World Wide Web di Internet.
I sistemi di gestione delle banche dati si chiamano IRS (Information Retrieval System).
Le interrogazioni producono sempre risultati imprecisi e incompleti, basti pensare ad una ricerca nel web: si ottiene solo una parte delle pagine di interesse esistenti con la inevitabile presenza di pagine non pertinenti.

Modelli per le basi di dati

I primi database seguivano il "**modello gerarchico dei dati**", ovvero erano costituiti da liste di record (record = unità di registrazione) collegate tra di loro in modo da costituire una gerarchia, o albero di liste.
Questo tipo di modellazione dei dati era piuttosto limitativo in quanto non consentiva di rappresentare le diverse situazioni di possibile collegamento tra i dati.

In particolare esso consentiva di rappresentare situazioni del tipo "uno a molti" ovvero una classe contiene molti studenti, ma non "molti a molti" ovvero "uno studente pratica molti sport" e "uno sport è praticato da molti studenti"
Successivamente è stato introdotto il **"modello reticolare dei dati"** che estendeva la modellazione gerarchica passando ad una rete, o grafo, di liste di record.
Si aveva così a disposizione un modello che consentiva di gestire in modo efficiente le diverse situazioni di collegamento tra i dati.
Il problema maggiore di questi primi modelli era che essi non consentivano di tenere sotto controllo la ripetizione degli stessi dati (ridondanza).

Nel 1970 Edgar Codd, matematico ricercatore dell'IBM, ideò il **"modello relazionale dei dati"** che da una parte propone una organizzazione molto intuitiva dei dati sotto forma di **tabelle** formate da righe (record) e colonne (campi o attributi), dove ciascun record corrisponde ad un oggetto o persona del mondo reale e contiene i dati di interesse dello stesso

Tabella Studenti

Matricola	Cognome	Nome	Classe
1	Bianchi	Alberto	1A
2	Rossi	Maria	1A
3	Verdi	Giuseppe	1B

e dall'altra formalizza in modo matematico il concetto di tabella come **"relazione matematica"**.
Viene così definita una **algebra delle relazioni** con una **teoria della normalizzazione** dei dati che consente di individuare e poi rimuovere eventuali situazioni di ridondanza dei dati.

Attualmente il modello relazionale dei dati è largamente il più utilizzato nelle applicazioni gestionali.
Nel corso degli anni sono state elaborate tecniche molto efficienti per la memorizzazione delle tabelle nei supporti di memorizzazione di massa.

Il **"modello ad oggetti"** per i database, invece, non ha avuto successo a causa della inefficienza nella gestione degli oggetti memorizzati nei dischi.
L'idea di archiviare oggetti con struttura complessa trova applicazione pratica solo in alcuni ambiti molto particolari. Tra questi vale la pena accennare ai database geografici dove si devono potere effettuare query di tipo topologico, come "quali sono i comuni attraversati dal fiume Piave?", "qual è la città più vicina al confine?", "quali corsi d'acqua attraversano il territorio della provincia di Treviso?".

Il modello "**chiave-valore**" per archivi singoli dove si prevede l'accesso efficiente con chiave e hanno il vantaggio di costi limitati per quanto riguarda il software di gestione e le risorse di calcolo utilizzate.
L'accesso con un valore diverso dalla chiave risulta invece piuttosto lento.
Il valore può essere di tipo semplice oppure una struttura dati articolata.

Utilizzo di un database

In generale, i "dati", e quindi le informazioni che si possono ricavare da essi, rappresentano uno dei beni più preziosi all'interno di un qualsiasi ente o organizzazione aziendale.
Si possono distinguere due categorie di obiettivi di utilizzo dei dati aziendali:

- **scopi operativi**: per il funzionamento dell'attività aziendale si usano dati dettagliati, analitici. Ad esempio, il bibliotecario registra i dati di ciascun libro presente in biblioteca e i dati di ogni singolo prestito effettuato, cosicché si potrà sempre sapere chi ha preso in prestito un determinato libro e quando lo deve restituire.

- **scopi decisionali**: per supportare le scelte manageriali si usano dati di sintesi, statistiche su cui si possono eventualmente applicare modelli inferenziali per fare previsioni. Ad esempio, il direttore della biblioteca consulta le statistiche del numero di prestiti effettuati per i diversi generi dei libri in modo da orientare opportunamente le politiche di acquisto e rinnovo dei materiali della biblioteca. Si parla di Business Intelligence per indicare quei moduli software che si integrano nei software gestionali per produrre cruscotti aziendali (dashboard) che visualizzano in modo grafico l'andamento dei diversi dati aziendali.

Le informazioni gestite dai processi operativi aziendali sono costituite generalmente dalle seguenti categorie di dati:

- dati anagrafici
- movimenti
- parametri

I **dati anagrafici** rappresentano informazioni sulle persone o sugli oggetti gestiti dall'azienda, come i dati dei clienti, degli impiegati, degli articoli del magazzino, dei conti correnti bancari, dei voli aerei, ...
Questi dati vengono inseriti, cancellati e modificati durante le attività aziendali. Assieme a questi dati ci possono essere anche dei valori riepilogativi, come ad esempio il saldo di ciascun conto corrente o il numero di posti liberi in un volo aereo; tali dati riepilogativi semplificano l'effettuazione di alcune operazioni, come decidere se concedere o meno un prelievo di denaro da uno specifico conto corrente, ma per essere utilizzabili essi devono essere mantenuti aggiornati.

I **movimenti** rappresentano le informazioni utili a descrivere gli eventi associati ai dati anagrafici. Ad esempio: le operazioni di versamento e di prelievo effettuate su un conto corrente, le operazioni di carico e scarico di un articolo di magazzino, le prenotazioni dei posti di un volo aereo, gli ordini di merci effettuate da un cliente.
Si tratta di dati che vengono inseriti nel database e normalmente non sono soggetti ne' a modifiche (salvo la modifica di eventuali informazioni di stato associate al singolo movimento, come "ordine confermato", "ordine approvato", "ordine evaso"), ne' a cancellazioni.
I dati dei movimenti, in particolare, consentono di giustificare i valori riepilogativi presenti in anagrafica. I movimenti di un conto corrente costituiscono la prova, anche ai fini legali, dell'ammontare del corrispondente saldo.

I **parametri** sono valori di riferimento pressochè costanti nel tempo. Essi consentono di catalogare opportunamente i dati del database.
Ad esempio: le categorie merceologiche degli articoli in magazzino, i tipi di operazioni bancarie che si possono effettuare sui conti correnti, i codici IVA applicabili ad una prestazione o transazione commerciale.

2. La progettazione di un database

Le fasi della progettazione

Per la progettazione di un database si devono effettuare:

- La **raccolta dei requisiti** dell'utente, o committente. A tal fine si effettuano delle interviste agli addetti impiegati nell'utilizzo dei dati dell'azienda con lo scopo di annotare quali dati devono essere gestiti e quali operazioni devono essere effettuate sugli stessi.
  E' molto utile anche raccogliere i moduli cartacei utilizzati negli uffici amministrativi e i report prodotti dagli stessi. In particolare si deve prestare attenzione alle possibili ambiguità e incongruenze nei termini usati in uffici diversi per descrivere i medesimi dati.

- La **progettazione concettuale** effettuata mediante il **modello E/R** (Entity Relationships) di Chen.

  Si tratta di un diagramma grafico che mostra i dati e le loro associazioni (relationship) e che risulta facilmente comprensibile anche dal committente. Basandosi sul diagramma E/R, il committente e il progettista del database sono in grado di confrontarsi sulla corretta interpretazione dei requisiti.

- La **progettazione logica** effettuata secondo il **modello relazionale** dei dati.

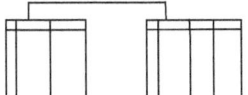

Il modello relazionale dei dati ha una capacità espressiva inferiore rispetto al modello E/R, ma consente una agevole realizzazione pratica del database.
La trasformazione del diagramma E/R in tabelle (mapping) risulta molto semplice e può anche essere automatizzata.

- La **realizzazione fisica** del database: si sceglie un DBMS e si creano il database e le tabelle mediante apposite istruzioni del linguaggio SQL (Standard Query Language) del tipo

  CREATE DATABASE Scuola

  CREATE TABLE Studenti (...)

  Per la creazione delle tabelle si devono specificare i tipi di dati dei campi e gli eventuali vincoli di valore sugli stessi.
  Inoltre si effettuano scelte relative alle tecniche di memorizzazione dei dati su memoria di massa.
  Queste scelte influenzano l'efficienza delle operazioni di ricerca e di aggiornamento che verranno effettuate sui dati: si parla di indici e di tecnologie per la loro realizzazione (B-Tree, Hash).

Il linguaggio SQL

Il linguaggio **SQL (Structured Query Language)** è un linguaggio **standard** per i **database** basati sul **modello relazionale**.

Esso consente di effettuare le seguenti operazioni:

- creare e modificare la struttura di un database (si parla di DDL = Data Definition Language)
- inserire, modificare e cancellare dati memorizzati nel database (si parla di DML = Data Manipulation Language);
- interrogare i dati memorizzati nel database (si parla di QL = Query Language);
- gestire gli utenti del database e i loro permessi (si parla di DCL = Data Control Language).

La standardizzazione di SQL mirava alla creazione di un linguaggio che funzionasse su tutti i DBMS relazionali, ma questo obiettivo non fu raggiunto. Infatti, i vari produttori implementarono il linguaggio con numerose variazioni.

Il linguaggio è di tipo "**dichiarativo**" ovvero prevede di descrivere "che cosa" si vuole ottenere, senza doversi preoccupare del "come si fa", ovvero delle procedure.

Pertanto il linguaggio risulta molto intuitivo e di facile apprendimento.
Esso è alla portata anche di utilizzatori che non hanno un background di linguaggi di programmazione; infatti, il linguaggio SQL è stato pensato per consentirne l'utilizzo in modalità interattiva anche da parte di manager aziendali.

Molti ne pronunciano il nome come se fosse scritto "SEQUEL"; infatti, in origine il suo nome era proprio Structured English Query Language. Questo nome è stato poi cambiato per una disputa legale.
In sostanza, il linguaggio SQL consiste in un sottoinsieme del linguaggio naturale inglese, strutturato per semplificarne ulteriormente l'utilizzo.
Negli anni c'è stato un ricco dibattito tra gli psicologi per decretare quale fosse il linguaggio più semplice per interrogare i database.
Il linguaggio SQL risultava più semplice da utilizzare del linguaggio naturale stesso e anche delle modalità grafiche come il QBE (Query By Example) usato da Microsoft Access.

☛ Il linguaggio SQL si scrive solitamente in MAIUSCOLO, ma non è "case sensitive".

Il Modello E/R

Il modello E/R (Entity/Relationships o Entità/Associazioni) è un modello grafico che consente la rappresentazione concettuale dei dati e delle loro associazioni.
Il modello E/R è stato proposto da Peter Chen nel 1976.
Essendo un modello concettuale, esso opera ad un alto livello di astrazione, senza preoccuparsi dei dettagli della realizzazione pratica dei concetti rappresentati.

Il concetto di **Entità** rappresenta un oggetto o una persona del mondo reale.

Partendo dalla descrizione verbale dei dati di interesse si cerca di individuare le Entità. E' molto importate riuscire sempre a visualizzare mentalmente le persone o gli oggetti del mondo reale di cui ci si deve occupare, in modo da riuscire a rappresentare in modo corretto la realtà.
Una Entità è rappresentata con un Rettangolo con al suo interno il nome dell'entità (al singolare).
Ad esempio, l'entità STUDENTE

STUDENTE

che rappresenta allo stesso tempo un "singolo studente" oppure un "insieme di studenti", a seconda del contesto.
Ogni entità ha i suoi **Attributi**, o caratteristiche di interesse, attaccati al rettangolo dell'entità:

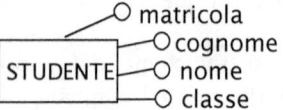

Ogni entità ha obbligatoriamente un **identificatore**, costituito da uno o più attributi, che consentono di individuare in modo univoco la singola entità nel mondo reale. Per lo studente si usa il numero di matricola.

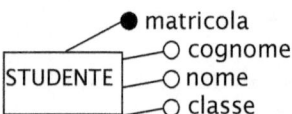

Le **Associazioni** sono i legami concettuali tra due diverse entità.
Esse sono rappresentate da un rombo contenente un verbo che consente di formare una frase di senso compiuto quando si legge lo schema.
Vengono indicate anche le **cardinalità**, ovvero il numero di entità che partecipano nella associazione, che può essere 1 oppure N (N significa "uno o più"). Esempio:

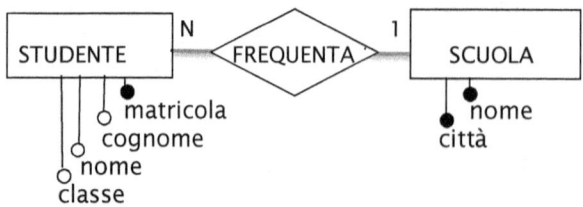

La lettura da sinistra verso destra è la seguente:

"ciascuno STUDENTE FREQUENTA 1 SCUOLA"

mentre da destra verso sinistra si dovrà trasformare opportunamente il verbo:

"ciascuna SCUOLA E' FREQUENTATA DA N STUDENTI"

Si noti che per identificare una scuola non basta il nome ma occorre specificare anche la città: si tratta quindi di una coppia di valori.

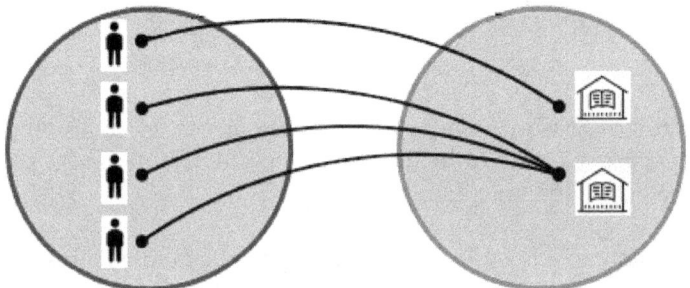

Associazione tra studenti e scuole

ESEMPI di modellazione

Rappresentare secondo il modello E/R i seguenti dati

1. Le automobili immatricolate e i loro proprietari
2. I dipendenti e i reparti di una azienda
3. Le squadre di calcio e gli allenatori

Le Associazioni nel Modello E/R possono avere cardinalità "1 a 1" oppure "1 a N" (uno a molti) oppure "N a N" (molti a molti).
Per comodità, i nomi delle associazioni possono anche essere scritti fuori dal rombo.

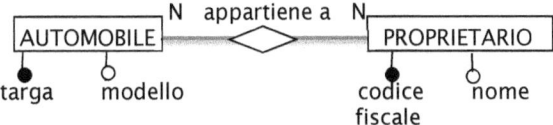

Conviene sempre effettuare la duplice lettura per evitare errori grossolani:
Ciascuna AUTOMOBILE appartiene a N (uno o più) PROPRIETARI
Ciascun PROPRIETARIO possiede N (una o più) AUTOMOBILI

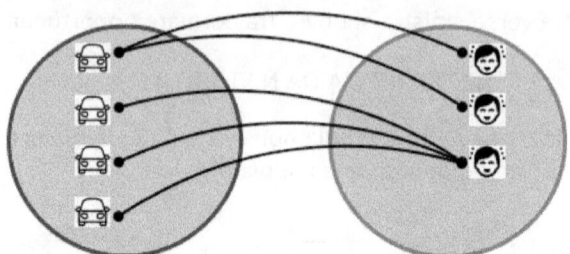

Associazione tra automobili e proprietari

☛ il fatto che possa esistere qualche automobile in comproprietà di più persone determina che la cardinalità sia N, lo stesso vale per le situazioni di persone che possiedono più automobili.

Se si vuole mantenere lo storico dei proprietari delle automobili, si aggiungono gli attributi delle date di acquisto e vendita alla associazione che collega ciascuna automobile con i suoi proprietari.

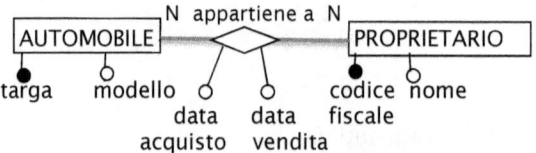

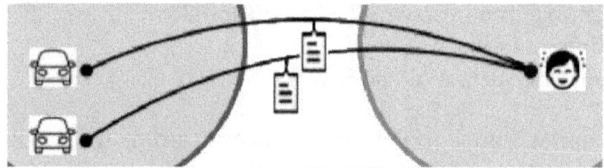

Le etichette rappresentano gli attributi dell'associazione

☛ se l'auto non è ancora stata venduta, l'attributo "data vendita" risulta senza valore!

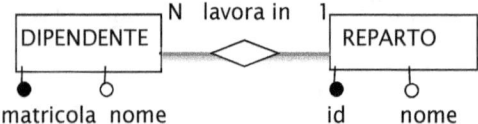

Ciascun DIPENDENTE lavora in 1 REPARTO
In ciascun REPARTO vi lavorano N DIPENDENTI

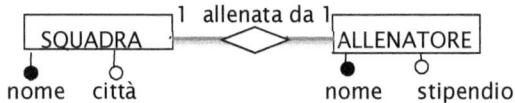

nome città   nome stipendio

Ciascuna SQUADRA è allenata da 1 ALLENATORE
Ciascun ALLENATORE allena 1 SQUADRA

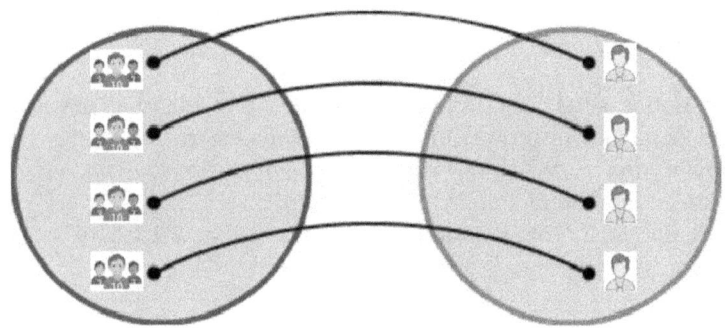

Associazione tra squadre e allenatori

Si consideri, come ulteriore esempio, l'associazione N a N tra FILM e ATTORE

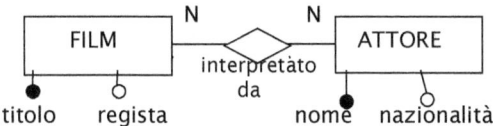

titolo regista   nome nazionalità

QUESITO
dove si può collocare l'attributo "ruolo" dell'attore in un determinato film?

Risposta

Questo attributo non fa parte del FILM e nemmeno dell'ATTORE in quanto rappresenta una informazione associata alla coppia FILM-ATTORE, pertanto essa va applicato all'Associazione stessa.

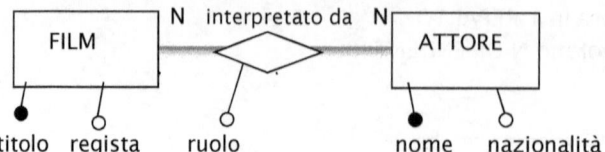

Infatti, in questo caso il ruolo non può essere un attributo di FILM perché in un film recitano più personaggi, inoltre un ATTORE interpreta ruoli diversi in film diversi.

☞ Notare che <u>solo nel caso di associazioni N a N</u> è possibile avere attributi propri dell'associazione!

Inoltre, in alcune situazioni non tutte le entità partecipano all'associazione; in questi casi si ha una situazione di **Parzialità** nella associazione.
Ad esempio, non tutti i film hanno attori in carne ed ossa; si tratta dei documentari o dei film di animazione.
Questa situazione si rappresenta con una linea che va a "tagliare" la linea della associazione.

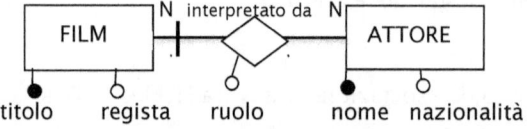

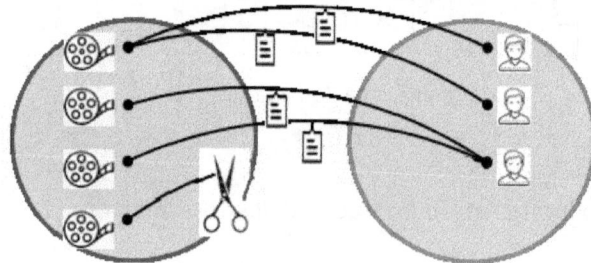

Associazione Parziale tra film e attori

La lettura viene modificata aggiungendo "può essere" in corrispondenza della parzialità

Ciascun FILM **può essere** interpretato da N ATTORI
Ciascun ATTORE interpreta N FILM

In sostanza è come specificare che il numero di attori di un film è 0 oppure N (uno o più).

ESERCIZIO banche e conti correnti

Disegnare il diagramma E/R per rappresentare i seguenti dati: una banca vuole gestire i dati delle proprie filiali, che hanno un codice filiale, l'indirizzo e il nome del direttore, i conti correnti aperti dai clienti (con codice fiscale, nome, indirizzo) presso una filiale, con il numero di c/c e il saldo. Un conto corrente può essere intestato a più persone. I prestiti fatti ai clienti da ciascuna filiale, con codice identificativo, importo, data accensione e data di estinzione. Un prestito può essere concesso a più persone.

Procedimento

Si legge il testo dell'esercizio che corrisponde alla descrizione dei requisiti dell'utente.
Si evidenziano i sostantivi. Alcuni di essi (quelli più importanti!) diventeranno le Entità e gli altri i loro Attributi.
Si deve prestare attenzione ad eventuali ambiguità nell'uso dei termini.

Svolgimento

Sostantivi: banca, **filiale**, codice filiale, indirizzo, nome direttore, **conto corrente, cliente,** codice fiscale, nome, indirizzo, numero c/c, saldo, **prestito**, codice identificativo, importo, data accensione, data estinzione.
Sono state individuate (in grassetto) le possibili entità.
Una entità rappresenta un insieme di oggetti o persone del mondo reale, pertanto non si deve considerare l'entità BANCA in quanto la richiesta è di gestire il sistema informativo di una sola banca, non di un insieme di banche!

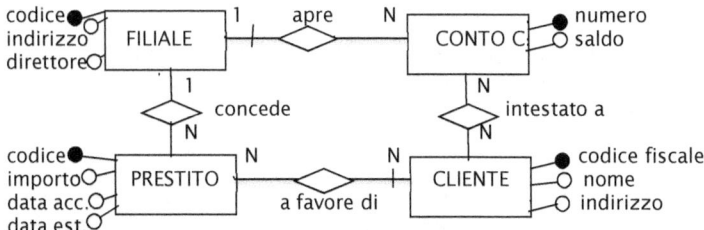

Lettura del diagramma:

Ciascuna filiale può aprire N conti correnti.
Ciascun conto corrente è aperto da 1 filiale.
Ciascuna filiale può concedere N prestiti.
Ciascun prestito viene concesso da 1 filiale.
Ciascun conto corrente è intestato a N clienti.
Ciascun cliente è intestatario di N conti correnti.
Ciascun prestito è a favore di N clienti.
Ciascun cliente può avere N prestiti.

Navigazione nel diagramma E/R

E' possibile utilizzare il diagramma E/R per effettuare delle "navigazioni" tra le entità che esso rappresenta, in modo da riscontrare la effettiva possibilità di risalire agli oggetti/persone collegate ad un oggetto di un'altra entità.
Ad esempio, considerando il diagramma E/R del precedente esercizio, dato un determinato cliente è possibile risalire agli N conti correnti di cui è intestatario e per ciascuno di essi individuare la filiale di appartenenza e in particolare il direttore della stessa.

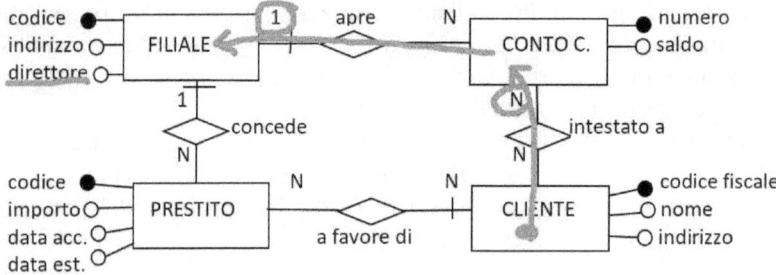

Si noti che la presenza di una associazione con cardinalità 1, come quella tra Conto Corrente e Filiale, consente di individuare il singolo oggetto/persona collegata all'oggetto di partenza.

☛ Attenzione che non è il caso di indicare tra gli attributi di Conto Corrente il codice identificatore della Filiale dove esso è stato aperto, perché tale informazione è insita nella associazione 1 a N tra Filiale e Conto Corrente.

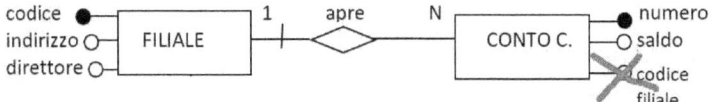

Gli attributi che costituiscono il riferimento ad un'altra entità NON vanno indicati

ESERCIZIO (non svolto) carte di credito

Rappresentare con un diagramma E/R i clienti e i conti correnti di una banca con anche le carte di credito, intestate ai clienti e associate ad un conto corrente.

Associazioni multiple tra due entita'

Si vuole modellare l'entità partita che coinvolge due squadre, una che gioca in casa e una che gioca fuori casa.
Una prima possibilità è la seguente

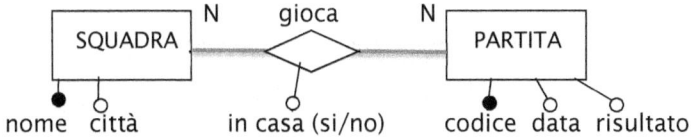

In particolare si nota che il diagramma esprime il fatto che ciascuna partita è giocata da N squadre, dove si intende N = 2.
Una seconda possibilità è la seguente

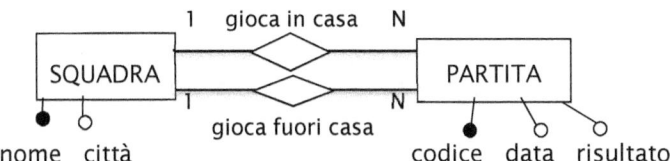

dove si instaurano due associazioni tra l'entità SQUADRA e l'entità PARTITA. Questo modo di rappresentare il legame tra squadre e partite risulta di interpretazione più chiara e immediata rispetto al precedente.

ESERCIZIO squadre e calciatori

Si vogliono rappresentare mediante un diagramma E/R le squadre di calcio e i dati storici dei loro calciatori nei diversi campionati. Si suppone che ciascun calciatore giochi un intero anno in una sola squadra. Si vogliono memorizzare anche il ruolo e lo stipendio dei giocatori.

Soluzione

Una prima ipotesi di associazione N a N tra l'entità SQUADRA e l'entità GIOCATORE dove l'associazione ha come attributi propri l'anno e il ruolo giocato <u>non risulta corretta</u> perché si avrebbero situazioni dove lo stesso giocatore x con la stessa squadra y <u>verrebbe associato più volte</u>, una per ciascun anno di gioco.
Pertanto, si deve "trasformare il rombo dell'associazione in un rettangolo e pensarla come l'entità del CONTRATTO di gioco".

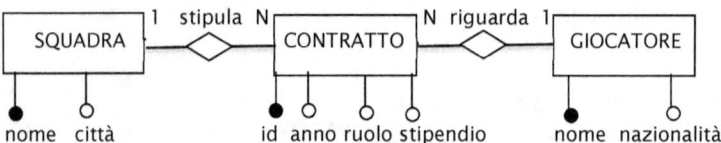

In questo modo, un giocatore x avrà tanti contratti con la squadra y, uno per ogni anno di gioco.

ESERCIZIO negozio on-line

Rappresentare con un diagramma E/R gli ordini dei clienti di un negozio on-line.

Soluzione

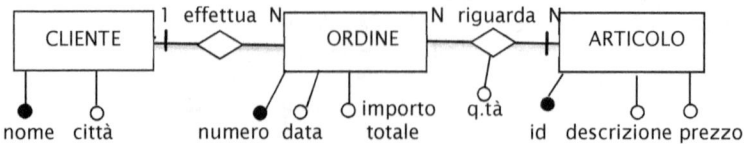

Notare che per rappresentare gli ordini non è corretto fare una associazione N a N tra CLIENTE e ARTICOLO, perché un cliente potrebbe ordinare lo stesso articolo più volte nel tempo.

ESERCIZIO (non svolto) fattorie

Rappresentare con un diagramma E/R le fattorie di un consorzio. Ciascuna fattoria è identificata univocamente da una sigla, si trova in una determinata località e ha il nome del titolare. Le fattorie gestiscono l'allevamento di diversi tipi di bestiame. Ogni capo di bestiame è identificato univocamente da un numero all'interno di una specifica fattoria e ha come attributo l'anno di nascita ed una eventuale descrizione.

ESERCIZIO (non svolto) linee autobus

Rappresentare con un diagramma E/R le linee degli autobus di una città. Una linea è identificata da un numero e prevede più fermate, di cui si conosce il nome e l'indirizzo. Si devono registrare gli orari dei passaggi in ciascuna fermata. Attenzione che una linea può effettuare più passaggi alla medesima fermata.

ESERCIZIO (non svolto) biblioteca

Definire uno schema E-R per una biblioteca, con le seguenti specifiche: oggetto dei prestiti sono esemplari (detti anche copie) di singoli volumi, identificati attraverso un numero di inventario; un volume ha un codice ISBN, un titolo, un autore, un editore e un anno di pubblicazione; ogni editore ha un nome e un codice; per ogni prestito sono rilevanti la data del prestito, l'eventuale data di restituzione e l'utente (che può avere più copie in prestito contemporaneamente) con codice identificativo, nome, cognome e recapito telefonico.

Associazioni Interne

E' possibile avere una associazione tra gli oggetti/persone della stessa entità: si tratta di una "associazione interna" o "associazione ricorsiva".

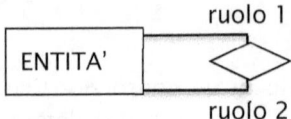

In questo caso si devono specificare i "ruoli" assunti dai due oggetti/persone che vengono associati.

Esempio: gerarchia del personale di una azienda

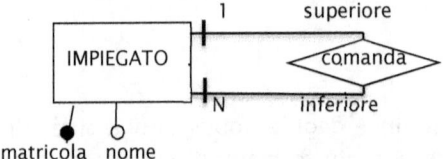

La gerarchia del personale può essere pensata come una organizzazione con struttura ad albero sviluppata su più livelli.
Si noti che sono necessarie le parzialità perché il capo supremo non è inferiore a nessuno e dall'altra parte i sottoposti del livello più basso non sono superiori a nessuno.

Esempio: partite del campionato di calcio. Si propone un'altra soluzione per rappresentare le partite, con l'ipotesi che non ci siano partite che si ripetono tra le stesse squadre in casa e fuori.

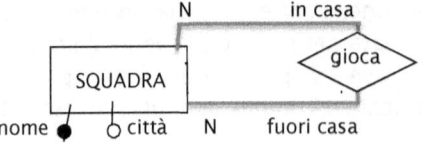

si legge: ciascuna SQUADRA gioca in casa con N squadre
ciascuna SQUADRA gioca fuori casa con N squadre

ESERCIZIO (non svolto) amicizie social

Rappresentare mediante uno schema E/R le amicizie di una piattaforma social.
Si ricorda che una persona "chiede" l'amicizia ad un'altra persona, la quale "accetta" la richiesta. Si vuole inoltre memorizzare la data della concessione dell'amicizia.

ESERCIZIO (non svolto) ospedale

Rappresentare mediante uno schema E/R un ospedale composto da reparti dove lavorano i medici.
I medici hanno codice fiscale, cognome, nome e specializzazione.
I pazienti che vengono ricoverati in un reparto hanno un codice identificativo, cognome, nome, codice fiscale, data e luogo di nascita, sesso, data di ricovero e data di dimissione (se sono stati dimessi).
I medici effettuano visite sui pazienti. Di ciascuna visita si memorizza la data e l'esito.
Ai pazienti vengono effettuati anche esami di laboratorio di cui si memorizza il tipo, la data e l'esito.

Associazioni Ternarie

Se si vuole rappresentare la realtà di persone che fanno sport (o corsi di sport) in qualche palestra, viene spontaneo individuare le entità PERSONA, SPORT e PALESTRA e l'associazione che le coinvolge espressa dal verbo "pratica":

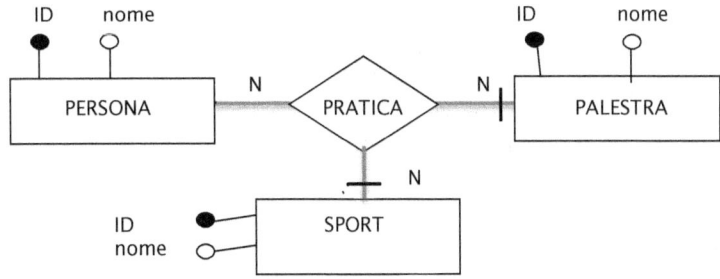

L'associazione PRATICA deve essere immaginata come un collegamento che coinvolge necessariamente una persona, uno sport e una palestra, si tratta di una terna dove devono essere sempre presenti tutti e tre gli "oggetti" considerati.
Per stabilire le cardinalità si fissano idealmente due entità e si considera la numerosità degli oggetti coinvolti nella rimanente entità:

- data una persona e uno sport praticato, quante sono le palestre dove lo può fare? N
- data una persona e una palestra, quanti sono gli sport che vi si possono praticare? N
- Data una palestra e uno sport, quante sono le persone che lo praticano? N

Tipicamente le associazioni ternarie hanno cardinalità N a N a N.
Per quanto riguarda le parzialità, si considera che ci possono essere sport senza nessun praticante e palestre dove non va nessuno.

☛ Le associazioni ternarie possono facilmente portare ad errori di progettazione.

Ad esempio, nel caso in cui fosse possibile avere una persona che si iscrive in una palestra senza dover specificare quale sport intende fare, il suddetto schema E/R sarebbe errato.
Infatti le associazioni ternarie essere costituite da <u>terne di oggetti</u>.
Uno schema equivalente che evita il ricorso all'associazione ternaria prevede la trasformazione del rombo dell'associazione nel rettangolo di un'entità, che può essere pensata materialmente come un documento di iscrizione di una persona ad una palestra per fare uno sport:

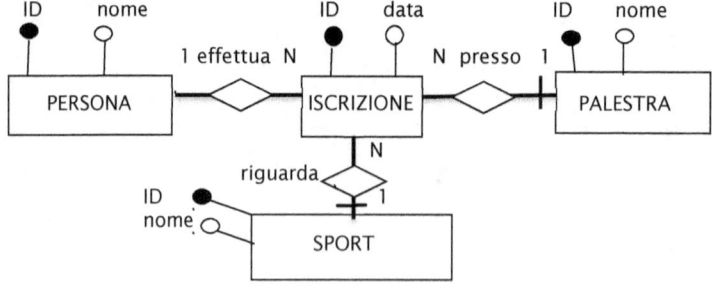

Questo schema E/R materializza la associazione ternaria dello schema precedente sotto forma di documenti di iscrizione effettuati da una persona presso una palestra e che riguardano uno sport.
Notare che le cardinalità N sono state sostituite da associazioni 1 a N e le parzialità sono rimaste al loro posto.

Nel caso in cui fosse possibile avere una iscrizione che non prevede uno sport, allora basta aggiungere una apposita parzialità nella associazione tra ISCRIZIONE e SPORT.

ESERCIZIO (non svolto) visite mediche

Rappresentare con uno schema E/R il database delle prenotazioni delle visite mediche specialistiche di un centro di medicina.

ESERCIZIO PRA

Il PRA (Pubblico Registro Automobilistico) gestisce i dati delle automobili immatricolate (targa, modello, ...), i dati dei passaggi di proprietà e i dati anagrafici dei loro proprietari. Si precisa che la proprietà di una automobile può essere intestata a più persone. Il database in questo modo mantiene traccia della storia dei proprietari di ciascun veicolo, registrando la data del passaggio di proprietà.

Soluzione

ESERCIZIO car pooling - tratto dal tema d'esame per tecnici informatici del 2017

Un'azienda start-up vuole costruire una piattaforma Web che consenta il car pooling tra viaggiatori sul territorio nazionale, con l'obiettivo di diffondere l'uso di una mobilità flessibile e personalizzata in termini di percorsi e costi.

Gli utenti della piattaforma possono essere di due tipi: utenti-autisti (coloro che offrono un passaggio con la propria macchina) e utenti-passeggeri (coloro che usufruiscono del passaggio).

Gli autisti devono registrarsi sul sito ed inserire i propri dati: generalità, numero e scadenza patente di guida, dati dell'automobile utilizzata, recapito telefonico, email, fotografia.

Per ogni viaggio che intendono condividere, gli autisti devono indicare città di partenza, città di destinazione, data ed ora di partenza, contributo economico richiesto ad ogni passeggero, tempi di percorrenza stimati.

È responsabilità dell'autista, mano a mano che accetterà passeggeri per un certo viaggio, dichiarare chiuse le prenotazioni per quel viaggio, utilizzando un'apposita funzione sul portale.

L'utente-passeggero si deve registrare sulla piattaforma, indicando cognome e nome, documento di identità, recapito telefonico ed email.

La piattaforma fornisce ai passeggeri la possibilità di indicare città di partenza e di destinazione e data desiderata; presenta quindi un elenco di viaggi (per cui non siano ancora chiuse le prenotazioni), ciascuno con le caratteristiche dell'autista e le modalità del viaggio stesso inserite dall'autista (orario, eventuali soste previste alle stazioni di servizio, possibilità di caricare bagaglio o animali, ...).

Il passeggero sceglie quindi il viaggio desiderato con il corrispondente autista, anche esaminando il voto medio e i giudizi dei feedback assegnati tramite la piattaforma dai precedenti passeggeri all'autista stesso, e si prenota.

Le informazioni sul passeggero vengono inviate per email dalla piattaforma all'autista scelto, il quale può consultare sul portale il voto medio e i giudizi dei feedback ricevuti dal passeggero da parte di precedenti autisti e decidere se accettarlo o meno.

Il passeggero di conseguenza riceverà una email di accettazione o di rifiuto della prenotazione effettuata, contenente, in caso di accettazione, un promemoria con città di partenza e destinazione, data e orario del viaggio, dati dell'autista e della sua automobile.

A viaggio effettuato, il passeggero può inserire un feedback sull'autista, espresso sia in forma di voto numerico che di giudizio discorsivo.

A sua volta, l'autista può inserire un feedback sul passeggero, espresso sia in forma di voto numerico che di giudizio discorsivo.
Sia i voti medi che i singoli giudizi dei feedback ricevuti da ciascun autista sono disponibili ai passeggeri; analogamente, sia i voti medi che i singoli giudizi dei feedback ricevuti da ciascun passeggero sono disponibili agli autisti.
Si vuole redigere lo schema E/R della suddetta piattaforma web.

Soluzione

Dopo aver attentamente letto le consegne, si sottolineano i sostantivi che si presume diventino le entità dello schema E/R.
Si comincia a disegnare le entità i loro identificatori e i loro attributi e poi le si collega tra di loro.

☞ Ricordarsi di pensare sempre una entità come un insieme di oggetti o persone del mondo reale.

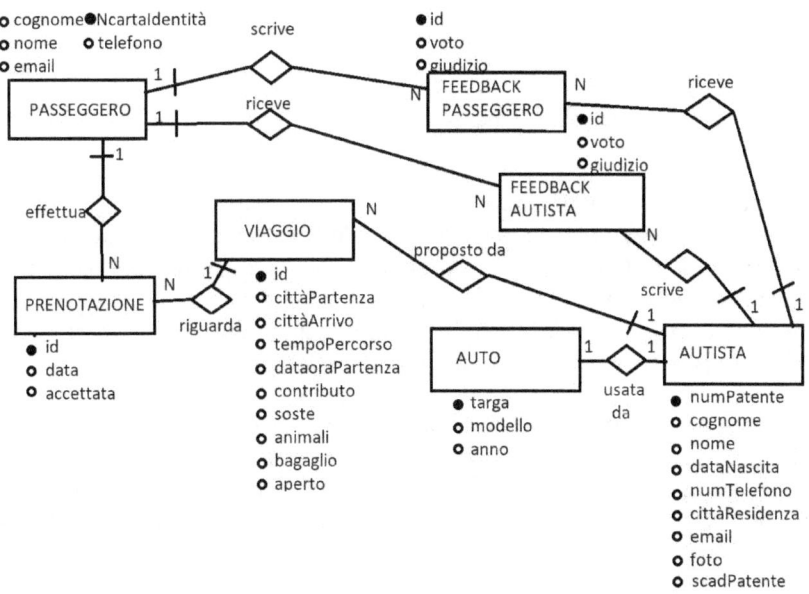

Diagramma E/R del tema d'esame 2017

3. Il Modello Relazionale

Il modello relazionale considera una base di dati come un insieme di tabelle collegate tra di loro.
Nota terminologica: non confondere "relation" = relazione matematica o tabella con "relationship" = associazione tra entità.
I collegamenti tra le tabelle sono esclusivamente di tipo "1 a molti" e non è prevista la descrizione del motivo o del significato dei collegamenti stessi.
Le righe di una tabella si chiamano ennuple (tuple) o anche record. Esse corrispondono a ben determinati individui o oggetti del mondo reale.
Le colonne si chiamano attributi o campi (field). Esse costituiscono le informazioni di interesse per descrivere gli individui/oggetti della tabella.
Si ripropone l'esempio della tabella degli alunni di una scuola.

Tabella Alunni

Matricola	Cognome	Nome	Classe
1	Bianchi	Alberto	1A
2	Rossi	Maria	1A
3	Verdi	Giuseppe	1B

La chiave primaria, Matricola, è stata sottolineata

I tipi dei dati sono semplici (numeri o stringhe di caratteri).
Nella versione estesa del modello relazionale (Extended Relational Data Model for Multimedia DBMS) è anche possibile inserire dati di tipo binario come fotografie o contenuti multimediali; tuttavia risulta generalmente conveniente memorizzare nelle tabelle i nomi dei file contenenti i dati multimediali e mantenere tali file nel disco fisso al di fuori del database stesso.

Non c'è nessuna importanza nella posizione delle righe o delle colonne della tabella. Pertanto, in particolare, non si può fare affidamento sull'ordine delle righe per memorizzare la posizione o l'ordine di arrivo dei dati corrispondenti.
Non sono ammesse righe identiche. Pertanto è obbligatorio definire un attributo o un insieme di attributi che costituiscono la **chiave primaria**, ovvero che consentono di distinguere le righe della tabella.
La chiave primaria ha come vincoli l'**unicità** (UNIQUE) e l'**esistenza** (NOT NULL), per poter adempiere al suo ruolo di identificatore delle righe della tabella.

Nella scelta della chiave primaria si deve applicare il **principio di minimalità**, secondo cui la chiave primaria deve essere costituita dagli attributi strettamente necessari per l'identificazione delle righe della tabella.

Ad esempio, per la tabella Alunni, sia il campo Matricola da solo che la terna Matricola, Cognome, Nome consentono di distinguere gli studenti; tuttavia la seconda possibilità ha evidentemente due campi sovrabbondanti e quindi si deve scegliere come chiave primaria il solo campo Matricola.

I collegamenti tra le tabelle sono dati dall'uguaglianza di valore tra i dati contenuti nelle stesse[1].

Pertanto per collegare una tabella con un'altra ci deve essere un campo in comune, che da una parte costituisce la **chiave primaria** (PK = Primary Key) della tabella e dall'altra la chiave di riferimento, detta anche **chiave esterna** (FK = Foreign Key).

Il collegamento è di tipo 1 a molti (∞) e la chiave esterna si trova sempre nel lato "molti".

Tabella Alunni

Matricola (PK)	Cognome	Nome	Classe (FK)
1	Bianchi	Alberto	1A
2	Rossi	Maria	1A
3	Verdi	Giuseppe	1B

Tabella Classi

ID (PK)	Specializzazione
1A	Meccanica
2A	Meccanica
1B	Informatica

I vincoli per la chiave esterna ne assicurano l'**integrità del riferimento**: la chiave esterna deve assumere un valore esistente nella corrispondente chiave primaria oppure può essere priva di valore (NULL).

---

[1] Si tratta di collegamenti logici, a differenza di quanto avveniva nei precedenti modelli di database, gerarchico e reticolare, che facevano uso di collegamenti fisici realizzati mediante "puntatori" o indirizzi di memoria.

Notazioni per le tabelle

Per descrivere le tabelle di un database si possono usare le seguenti notazioni più compatte:

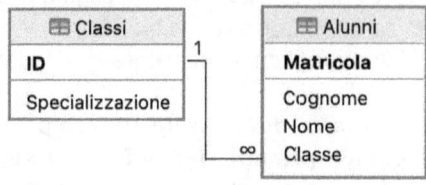

oppure

Classi (<u>ID</u>, Specializzazione)
Alunni (<u>Matricola</u>, Cognome, Nome, Classe)

Mapping

Il Mapping consiste nella trasformazione del diagramma E/R in un diagramma relazionale che rappresenta le tabelle del database e i loro collegamenti. Come si vedrà, si tratta di un procedimento piuttosto meccanico, che può anche essere automatizzato.

La progettazione concettuale ha prodotto un diagramma E/R che è indipendente dal modello logico utilizzato (lo stesso diagramma E/R può essere utilizzato per produrre un database relazionale, oppure un database reticolare, o un database ad oggetti).
Il diagramma E/R viene realizzato perché ha il vantaggio di essere facilmente leggibile anche dal committente.
Il modello concettuale (modello E/R) consente di descrivere in modo preciso i dati che devono essere gestiti nella base di dati.
Tale ricchezza espressiva non trova un riscontro realizzativo immediato nella tecnologia dei database e pertanto risulta necessario "adattare" i concetti espressi dal diagramma E/R per poter effettuare una modellazione applicabile concretamente a un database relazionale.

La progettazione logica viene effettuata secondo il modello relazionale e consiste in un insieme di tabelle collegate tra loro.

Per ciascuna tabella si specifica il suo nome, i nomi degli attributi e qual è la chiave primaria.
Il progetto logico è indipendente dalla scelta di uno specifico DBMS relazionale con cui si andrà a realizzare fisicamente il database.
Le regole di trasformazione (mapping) dal modello E/R al modello relazionale sono le seguenti:

1. Ogni Entità diventa una tabella con chiave primaria data dall'identificatore dell'entità stessa.

2. Le associazioni 1 a 1 determinano la fusione delle due entità associate a formare una singola tabella, la cui chiave primaria viene scelta tra gli identificatori delle due tabelle.

   Nel caso in cui vi sia una parzialità di partecipazione di una delle due entità, si dovrà necessariamente prendere come chiave primaria l'identificatore della stessa (infatti, l'altro identificatore potrebbe avere dei valori NULL in alcune righe della tabella risultante). Nel caso in cui entrambe le entità abbiano una parzialità nella partecipazione alla associazione 1 a 1, allora si deve aggiungere un identificatore artificiale come chiave primaria, con una numerazione progressiva delle righe.

3. Le associazioni 1 a N prevedono l'aggiunta di una chiave esterna nella tabella che si trova nel "lato molti". Tale chiave esterna è costituita dalla chiave primaria della tabella collegata.

4. Le associazioni N a N danno origine ad una tabella aggiuntiva (tabella di link) con gli eventuali attributi dell'associazione e con chiave primaria costituita dall'unione delle chiavi primarie delle tabelle collegate. Tali chiavi, prese singolarmente, fungono da chiavi esterne verso le rispettive tabelle.

5. Le associazioni ternarie sono considerate come le associazioni N a N e quindi danno origine ad una tabella aggiuntiva.

Variante: le associazioni 1 a 1 possono anche essere considerate come un caso particolare di associazioni 1 a N e quindi possono essere trattate come queste ultime.

Esempio: associazione 1 a 1 tra ciascun reparto e la persona che lo dirige

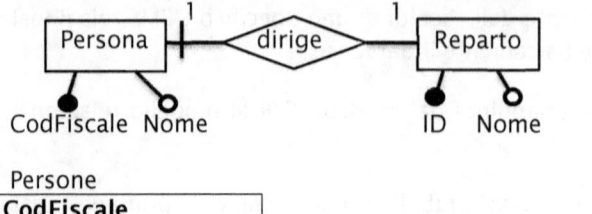

Persone
CodFiscale
NomePersona
IDRepartoDiretto   ← è NULL se la persona non dirige un reparto
NomeRepartoDiretto   ← è NULL se la persona non dirige un reparto

Oppure, tenendo conto che la parzialità è dal lato Persona, conviene mettere nella tabella Reparti la chiave esterna che fa riferimento al direttore

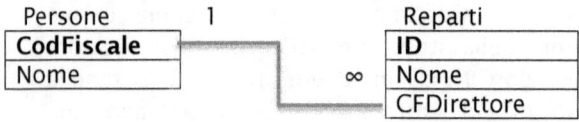

La soluzione opposta è ugualmente corretta, ma comporta la presenza di valori NULL per il campo IDReparto per tutte le persone che non dirigono un reparto

Esempio: associazione 1 a N tra ciascun reparto e i suoi lavoratori

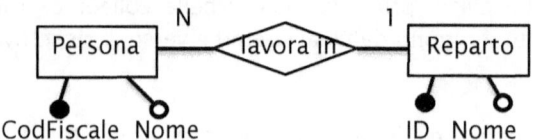

La chiave esterna va nella tabella che si trova nel lato N

Esempio: associazione N a N tra ciascun reparto e le persone che vi hanno lavorato ora o in passato, per un certo numero di anni

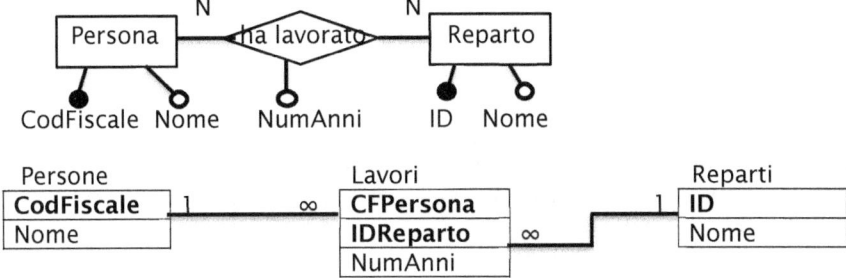

Esempio: associazione ternaria che esprime gli abbinamenti degli studenti in stage aziendale, seguiti da un tutor scolastico

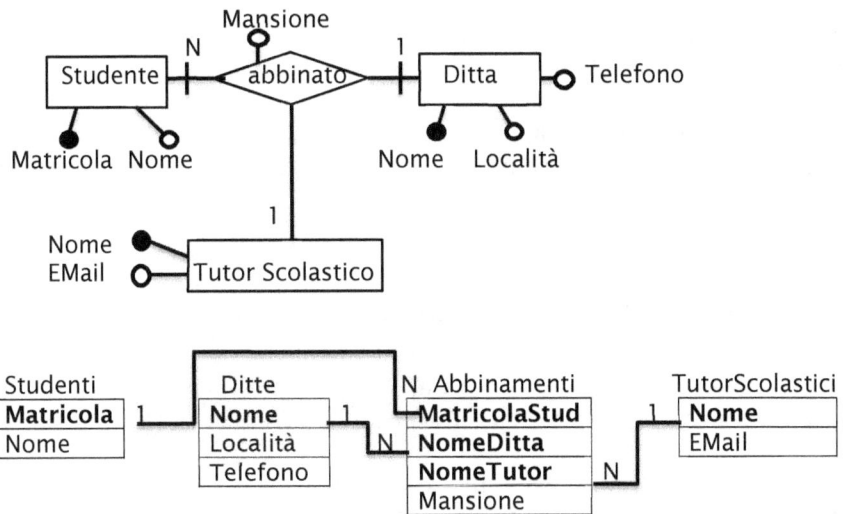

Notare che rispetto alle informazioni contenute nel diagramma E/R, nel diagramma relazionale si perdono le associazioni 1:1, quelle N:N e le ternarie e si trovano soltanto collegamenti 1:N.
Le parzialità delle associazioni non vengono considerate.
Inoltre, si perdono i nomi delle associazioni e quindi il significato dei collegamenti tra le tabelle. Per rimediare informalmente a quest'ultimo

problema, si possono dare alle chiavi esterne dei nomi che specificano il motivo del collegamento.

Vincolo 1FN

Il modello relazionale **non ammette campi multivalore**, ovvero campi che contengono più valori. Questo vincolo si chiama 1FN (prima forma normale).
Il motivo di questo vincolo è duplice:

1. La difficoltà di dimensionamento dei campi che possono contenere un numero imprecisato di valori.
2. La difficoltà nell'effettuare le ricerche quando il valore cercato deve essere individuato all'interno di un campo che ne contiene molteplici.

Se nel diagramma E/R sono presenti entità con degli attributi multivalore, questi dovranno essere tolti e, come si vedrà dettagliatamente in seguito, essi daranno luogo ad ulteriori tabelle.
Tuttavia, si consiglia di evitare i campi multivalore sin dalla fase della progettazione concettuale, in modo da non avere problemi con il modello relazionale.

ESERCIZIO (non svolto) società polisportiva

Una società polisportiva vuole organizzare dei corsi tenuti da propri istruttori.
Ogni corso è specifico per una data disciplina ed è frequentato da soci della società.
Nell'ambito della polisportiva è possibile organizzare corsi, ma possono esserci discipline che per mancanza di richieste non prevedano alcun corso; per lo stesso motivo, in presenza di molte richieste, la società può attivare più corsi per la stessa disciplina.
A tal proposito è evidente che la società avrà a disposizione istruttori per tutte le discipline (anche più di uno per disciplina nel caso in cui debba attivare più corsi).
Per quanto riguarda i soci è loro facoltà iscriversi o meno ai corsi.
Redigere il diagramma E/R e fare il mapping per produrre lo schema relazionale.

ESERCIZIO (non svolto) albergo

Progettare una base di dati per gestire le prenotazioni delle camere di un albergo. I clienti sono identificati dal codice fiscale, cognome, nome, numero di telefono, e-mail. Le prenotazioni si riferiscono ad una camera e specificano il tipo di trattamento (pensione completa, mezza pensione, pernottamento con colazione, ...), il numero di persone ospiti e il periodo. Le prenotazioni possono venire disdette.
Produrre lo schema E/R e il corrispondente schema relazionale.

ESERCIZIO (non svolto) rassegna canina

Si vuole progettare il database per la gestione di una rassegna canina internazionale.
Ogni cane ha un nome, altezza, peso e razza.
Delle razze si hanno i valori standard di altezza e peso.
I proprietari possono portare un solo cane. Di costoro si registrano i dati anagrafici e la nazione di appartenenza.
Tutti i giudici esprimono un voto per ciascun cane.
Produrre lo schema E/R e il corrispondente schema relazionale.

ESERCIZIO (non svolto) campi sportivi

Si vuole progettare il database dei campi sportivi presenti in una determinata regione. Per ciascuna località si indica la provincia di appartenenza e il numero di abitanti. Per ciascun campo sportivo si indica la località, l'indirizzo, lo sport per il quale è utilizzato e il tipo di superficie.
Ad esempio, un campo da tennis può essere di erba, oppure di terra rossa, o sintetico; un campo da calcio può essere di erba, oppure sintetico.
Inoltre, ciascun campo sportivo può essere utilizzato da alcune società sportive, che hanno un nome e i dati del loro direttore responsabile.
Produrre lo schema E/R e il corrispondente schema relazionale.

ESERCIZIO (non svolto) agenzia immobiliare

Una Agenzia Immobiliare vuole informatizzare la gestione degli immobili in vendita.
Un immobile viene identificato da un codice. Di ciascun immobile interessa il tipo (appartamento, villa singola, ...), la superficie, il numero di vani, eventuali annessi (garage, cantina, giardino, ...), il prezzo richiesto, una descrizione testuale e il proprietario.
Un proprietario è identificato dal codice fiscale; di ogni proprietario interessa il cognome, il nome, il numero di telefono, gli immobili in vendita di cui è proprietario.
Dei clienti che contattano l'agenzia, viene registrato il codice fiscale, il cognome, il nome e il numero di telefono.
Quando un cliente è interessato ad un immobile, si registra una proposta di acquisto con la data e l'importo che egli è disposto ad offrire per l'immobile stesso.
Produrre lo schema concettuale e quello logico secondo il modello relazionale.

ESERCIZIO mapping tema d'esame 2017 – car pooling

Effettuare il mapping del diagramma E/R prodotto per il tema d'esame del 2017 (vedi pag. 26).

Soluzione

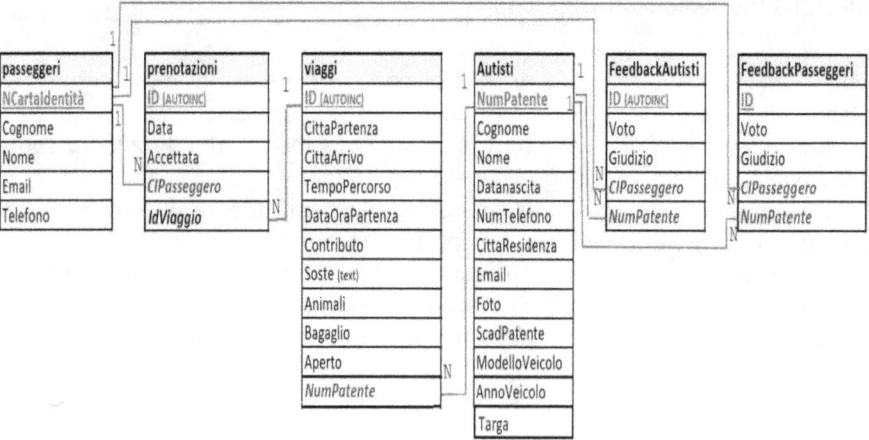

4. Realizzazione fisica del database

Per realizzare fisicamente il database, si dovrà scegliere un DBMS (ad esempio MySQL, SqlServer, ...) e un software client per interagire con il DBMS (es.: HeidiSQL, DBeaver, ...).
Mediante il software client ci si può connettere al server DBMS, dare i comandi per creare un nuovo database con le sue tabelle, inserire dati e poi interrogare il database stesso.

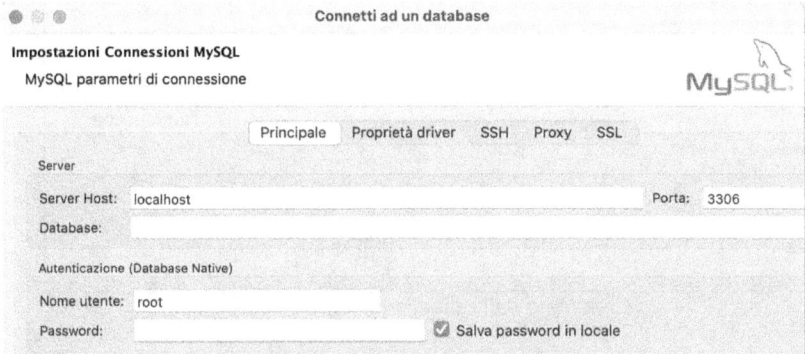
Connessione a MySQL con DBeaver

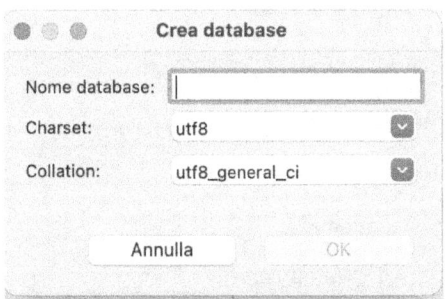
Creazione di un database con DBeaver

Per la creazione del database e della struttura delle sue tabelle si possono scrivere direttamente delle istruzioni **CREATE** in linguaggio SQL oppure, più agevolmente, si può utilizzare uno strumento grafico.
L'interfaccia grafica del client consente di creare agevolmente le tabelle del database e produce automaticamente le corrispondenti istruzioni di creazione

nel linguaggio SQL (Structured Query Language) che, pur essendo standard, risente delle varianti proprie del DBMS scelto.
In questa fase si devono specificare i tipi e gli eventuali vincoli di valore dei singoli campi di ciascuna tabella.

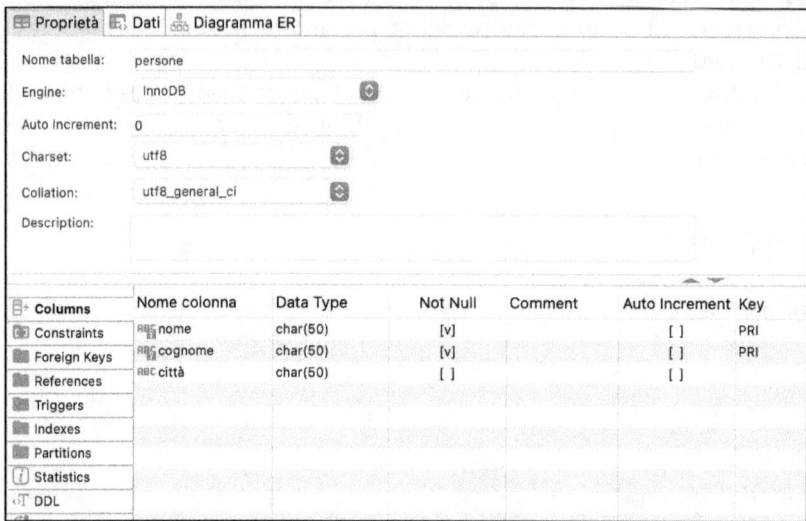

Creazione della tabella Persone con DBeaver

Le istruzioni (DDL) generate automaticamente sono le seguenti:

```
CREATE TABLE `persone` (
`nome` char(50) NOT NULL DEFAULT '',
`cognome` char(50) NOT NULL DEFAULT '',
`città` char(50) DEFAULT NULL,
PRIMARY KEY (`nome`,`cognome`)
) ENGINE=InnoDB DEFAULT CHARSET=utf8;
```

I tipi numerici sono:

Tipo	Descrizione
INT	Numeri interi da -2.147.483.648 a +2.147.483.647

SMALLINT	Numeri interi da -32.768 a +32.767
TINYINT	Numeri interi senza segno da 0 a 255
NUMERIC(n, d), DECIMAL(n, d)	Numeri con precisione decimale fissa. Esempio NUMERIC(9, 2) indica numeri con segno di 9 cifre totali di cui 2 cifre decimali
FLOAT, REAL	Numeri reali approssimati Float: da - 1,79 E+308 a -2,23 E-308, 0 e da 2,23 E-308 a 1,79 E+308 Real: da - 3,40 E 38 a -1,18 E-38, 0 e da 1,18 E-38 a 3,40 E+38

I tipi data e ora sono:

Tipo	Descrizione
DATE	Una data nel formato predefinito YYYY-MM-DD (formato ANSI)
DATETIME	Una data e un'ora del giorno espressa nel formato YYYY-MM-DD hh:mm:ss
TIME	L'ora di un giorno oppure una durata temporale. Il formato è hh:mm:ss (massimo
TIMESTAMP	Istante temporale generato dal sistema e utilizzato per fissare la versione di una riga. Memorizza i secondi trascorsi a partire da 1970-01-01 00:00:00

I tipi per le stringhe di caratteri sono:

Tipo	Descrizione
CHAR(n)	Stringhe a lunghezza fissa di n caratteri, con n fino a 255 caratteri.
VARCHAR(n)	Stringhe a lunghezza variabile. Sono richiesti 2 byte aggiuntivi per memorizzare la posizione della stringa.
TEXT	Testi fino a 65536 caratteri. **Questo tipo non è indicizzabile e nemmeno utilizzabile nelle ricerche per valore.**

Il tipo per oggetti in formato Binario è

Tipo	Descrizione
BLOB	Max 65536 byte.

Vincoli di valore sul dominio di un campo:

NOT NULL
UNIQUE
CHECK (*condizione sul campo*)

Esempio: creazione della tabella Alunni

Alunni (<u>Matricola</u>, Nome, Classe, Voto)

CREATE TABLE Alunni
(
  Matricola INT PRIMARY KEY AUTO_INCREMENT,
  Nome CHAR(50) NOT NULL,
  Classe CHAR(10) FOREIGN KEY REFERENCES Classi(ID),
  Voto INT CHECK (Voto <= 10)
)

In alternativa si può scrivere:

CREATE TABLE Alunni
(
  Matricola INT AUTO_INCREMENT,
  Nome CHAR(50) NOT NULL,
  Classe CHAR(10),
  Voto INT,
  PRIMARY KEY (Matricola),
  FOREIGN KEY Classe REFERENCES Classi(ID),
  CHECK (Voto <= 10)
)

dove i vincoli vengono espressi di seguito all'elenco dei campi della tabella. Questa seconda versione consente di avere chiavi formate da più di un campo. Per le chiavi esterne si possono impostare le azioni referenziali ovvero il comportamento automatico da applicare in caso di tentativo di modifica o di cancellazione della chiave primaria corrispondente:

ON UPDATE NO ACTION
ON DELETE NO ACTION   per impedirne modifica e cancellazione

Oppure

ON UPDATE CASCADE
ON DELETE CASCADE   per propagare in cascata modifica e cancellazione

Per le chiavi primarie di tipo INT si potrà impostare la modalità auto-incrementante (clausola AUTO_INCREMENT in MySQL, IDENTITY in SqlServer) se si vuole una numerazione progressiva gestita automaticamente dal DBMS.

Creazione della tabella Classi

Classi (<u>ID</u>, Specializzazione)

```
CREATE TABLE Classi
(
   ID CHAR(10),
   Specializzazione VARCHAR(100)
   PRIMARY KEY (ID)
)
```

ESERCIZIO anagrafica studenti

Una scuola vuole gestire l'anagrafica degli alunni iscritti nel corrente anno scolastico, con matricola, cognome, nome, data di nascita, provincia di residenza e la rispettiva classe di appartenenza con l'indirizzo di studi (specializzazione).

Soluzione

Diagramma E/R

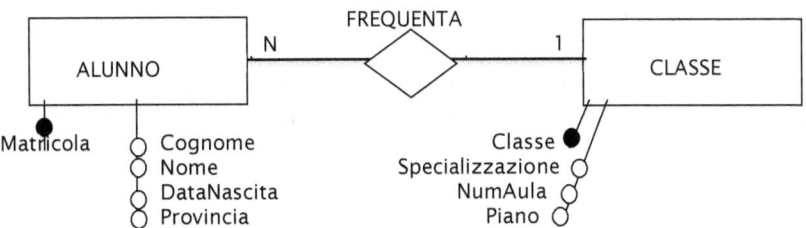

Diagramma Logico (Relazionale)

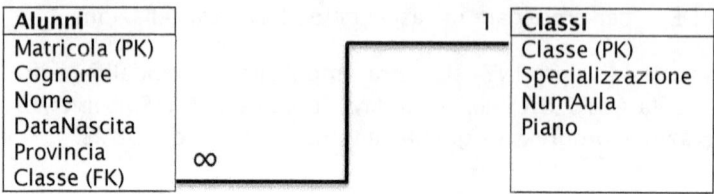

Realizzazione Fisica

```
CREATE TABLE  Alunni (
  Matricola int NOT NULL,
  Cognome varchar(30) NOT NULL DEFAULT '',
  Nome varchar(30) NOT NULL DEFAULT '',
  DataNascita date NOT NULL,
  Provincia varchar(2) NOT NULL,
  Classe varchar(10) DEFAULT NULL,
  PRIMARY KEY (Matricola),
  CONSTRAINT FK_alunni_classi FOREIGN KEY (Classe)
  REFERENCES Classi (Classe)  ON DELETE NO ACTION ON UPDATE NO ACTION
);

CREATE TABLE  Classi (
  Classe varchar(10) NOT NULL,
  Specializzazione varchar(30) DEFAULT NULL,
  NumAula int DEFAULT NULL,
  Piano int DEFAULT NULL,
  PRIMARY KEY (Classe)
);
```

VARIAZIONE PROPOSTA

Estendere la suddetta anagrafica, considerando i diversi anni scolastici e specificando anche l'esito finale per ciascun allievo in ciascun anno scolastico.

ESERCIZIO (non svolto) officina meccanica

Una officina meccanica vuole gestire le riparazioni che vengono effettuate sui veicoli.
Di ogni riparazione interessano la data di accettazione e la data di riconsegna del veicolo, il numero di ore di lavoro effettuate, la descrizione degli interventi effettuati e l'elenco dei pezzi di ricambio utilizzati.
Dei veicoli interessano modello, tipo, targa, anno di immatricolazione, nome e telefono e codice fiscale del proprietario.
Produrre lo schema concettuale e quello logico e poi le istruzioni SQL per la creazione delle tabelle.

ESERCIZIO creazione tabelle prova d'esame 2017 - car pooling

Scrivere le istruzioni per la creazione del database della prova d'esame 2017 con MySQL (vedi pag. 37).

Soluzione

```
CREATE TABLE autisti (
  NumPatente varchar(50) NOT NULL,
  Cognome varchar(50) NOT NULL,
  Nome varchar(50) NOT NULL,
  DataNascita date NOT NULL,
  NumTelefono varchar(20) NOT NULL,
  CittàResidenza varchar(50) NOT NULL,
  Email varchar(50) NOT NULL,
  Foto varchar(100)  NOT NULL,
  ScadPatente date NOT NULL,
  ModelloVeicolo varchar(50) NOT NULL,
  AnnoVeicolo varchar(50) NOT NULL,
  PRIMARY KEY (NumPatente)
) ENGINE = InnoDB DEFAULT CHARSET=utf8;

CREATE TABLE feedbackautisti (
  ID int(11) NOT NULL AUTO_INCREMENT,
  Voto int(11) NOT NULL,
  Giudizio text NOT NULL,
  CIPasseggero varchar(25) NOT NULL,
  NumPatente varchar(50) NOT NULL,
  PRIMARY KEY (ID),
  CONSTRAINT FK_feedbackautisti_autisti FOREIGN KEY (NumPatente)
  REFERENCES autisti(NumPatente) ON DELETE NO ACTION ON UPDATE NO ACTION,
  CONSTRAINT FK_feedbackautisti_passeggeri FOREIGN KEY (CIPasseggero)
  REFERENCES passeggeri(NCartaIdentità) ON DELETE NO ACTION ON UPDATE NO ACTION
) ENGINE = InnoDB DEFAULT CHARSET=utf8;
```

```sql
CREATE TABLE feedbackpasseggeri (
  ID int(11) NOT NULL AUTO_INCREMENT,
  Voto int(11) NOT NULL,
  Giudizio text NOT NULL,
  NumPatente varchar(50) NOT NULL,
  CIPasseggero varchar(25) NOT NULL,
  PRIMARY KEY (ID),
  CONSTRAINT FK_feedbackpasseggeri_autisti FOREIGN KEY (NumPatente)
  REFERENCES autisti(NumPatente) ON DELETE NO ACTION ON UPDATE NO ACTION,
  CONSTRAINT FK_feedbackpasseggeri_passeggeri FOREIGN KEY (CIPasseggero)
  REFERENCES passeggeri(NCartaIdentità) ON DELETE NO ACTION ON UPDATE NO
  ACTION
) ENGINE = InnoDB DEFAULT CHARSET=utf8;

CREATE TABLE passeggeri (
  NCartaIdentità varchar(25) NOT NULL,
  Cognome varchar(50) NOT NULL,
  Nome varchar(50) NOT NULL,
  Email varchar(50) NOT NULL,
  Telefono varchar(20) NOT NULL,
  PRIMARY KEY (NCartaIdentità)
) ENGINE = InnoDB DEFAULT CHARSET=utf8;

CREATE TABLE prenotazioni (
  ID int(11) NOT NULL AUTO_INCREMENT,
  Data date NOT NULL,
  Accettata varchar(2) DEFAULT NULL,
  CIPasseggero varchar(25) DEFAULT NULL,
  IDViaggio int(11) DEFAULT NULL,
  PRIMARY KEY (ID),
  CONSTRAINT FK_prenotazioni_passeggeri FOREIGN KEY (CIPasseggero)
  REFERENCES passeggeri(NCartaIdentità) ON DELETE NO ACTION ON UPDATE NO
  ACTION,
  CONSTRAINT FK_prenotazioni_viaggi FOREIGN KEY (IDViaggio) REFERENCES
  viaggi (ID) ON DELETE NO ACTION ON UPDATE NO ACTION
) ENGINE = InnoDB DEFAULT CHARSET=utf8;

CREATE TABLE viaggi (
  ID int(11) NOT NULL AUTO_INCREMENT,
  CittàPartenza varchar(50) NOT NULL,
  CittàArrivo varchar(50) NOT NULL,
  TempoPercorso double NOT NULL DEFAULT 0,
  DataOraPartenza datetime NOT NULL,
  Contributo decimal(6,2) NOT NULL DEFAULT 0.00,
  Soste text,
  Animali varchar(2) NOT NULL,
  Bagaglio varchar(50) NOT NULL,
  Aperto varchar(2) NOT NULL,
  NumPatente varchar(50) DEFAULT NULL,
  PRIMARY KEY (ID),
  CONSTRAINT FK_viaggi_autisti FOREIGN KEY (NumPatente) REFERENCES
  autisti(NumPatente) ON DELETE NO ACTION ON UPDATE NO ACTION
) ENGINE = InnoDB DEFAULT CHARSET=utf8;
```

Proprietà delle tabelle del database

Quando si crea una tabella in MySQL si devono specificare le sue proprietà:

- il motore da utilizzare (engine)
    - InnoDB è un motore transazionale ovvero che gestisce le chiavi esterne, i vincoli di riferimento e l'integrità delle transazioni
    - MyISAM è un motore che non gestisce ne' chiavi esterne, ne' le transazioni, ma risulta più snello e veloce per gestire semplici tabelle anagrafiche non soggette a modifiche da client concorrenti e che è in grado di effettuare anche ricerche fulltext
- il valore iniziale per la chiave autoincrementante
- la codifica dei caratteri
- il criterio di confronto da utilizzare (collation). Questo parametro è molto importante per consentire ricerche "**ci**" (case insensitive).

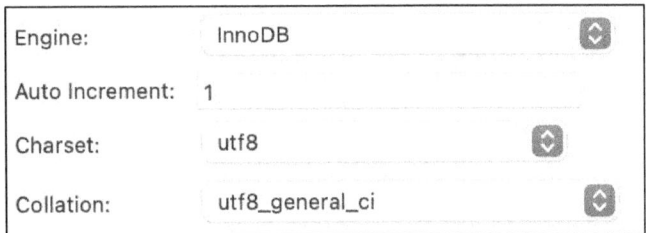

Le proprietà della tabella (schermata di DBeaver)

Gli indici

Gli indici sono tabelle ausiliarie che si possono creare in qualsiasi momento e che velocizzano le ricerche basate su uno specifico campo.
Poiché gli indici devono essere mantenuti aggiornati, il loro mantenimento rallenta le operazioni di inserimento/modifica e cancellazione dei record della tabella.
La creazione di un indice può essere fatta in modi interattivo mediante l'interfaccia grafica del client oppure mediante una istruzione in SQL.
L'istruzione per creare un indice è la seguente

CREATE INDEX nomeIndice ON nomeTabella(nomeCampo)

Quando si utilizza un database, gli indici vengono caricati in RAM per consentire una loro rapida consultazione; essi contengono i valori ordinati e un riferimento al corrispondente record della tabella.
Il seguente esempio illustra la tabella Studenti con un indice sul campo Nome. Notare che i valori della chiave sono mantenuti in ordine.

indice sul Nome

Chiave	Rif.
Gianni	2
Luca	3
Mario	1

tabella Studenti

#	Matricola	Nome	Classe	Voto
1	101	Mario	3B	8
2	102	Gianni	3B	8
3	103	Luca	4A	9

I DBMS di solito creano in automatico gli indici per le chiavi primarie e per le chiavi esterne, in modo da consentire l'esecuzione rapida di interrogazioni che coinvolgono più tabelle.
L'**amministratore del database** ha il compito di monitorare i tempi di risposta del sistema, e nel caso emerga l'esigenza di velocizzare l'esecuzione di alcune interrogazioni, dovrà valutare se e quali indici sia opportuno aggiungere.

☞ La presenza o meno degli indici non riguarda lo schema logico del database, ma soltanto la sua realizzazione fisica.

Pertanto, le interrogazioni che vengono espresse dall'utente non si devono preoccupare dell'eventuale presenza di indici: è compito del DBMS sfruttare la loro presenza per velocizzare l'esecuzione delle stesse.

In sintesi, gli indici velocizzano le ricerche basate su un determinato campo della tabella; inoltre, se sono realizzati mediante BTREE, hanno anche il vantaggio che forniscono un ordinamento virtuale dei record della tabella in base ai valori del campo su cui sono creati.
Non è conveniente creare indici se non sono ritenuti necessari, perché gli indici sono strutture dati che devono essere mantenute aggiornate a seguito delle operazioni di aggiornamento del contenuto della tabella.

Le azioni referenziali

Il rispetto dei vincoli imposti sulle tabelle del database, come il vincolo della chiave primaria e il vincolo di integrità di riferimento per le chiavi esterne, viene applicato automaticamente dal DBMS, senza che il programmatore applicativo se ne debba preoccupare.
Pertanto, ad esempio, il tentativo di inserire uno studente con un numero di matricola già esistente viene respinto dal DBMS, così come il tentativo di inserire uno studente senza numero di matricola.
Analogamente, il tentativo di assegnare ad uno studente una classe inesistente viene respinto dal DBMS.
Anche il tentativo di eliminare una classe, quando ci sono degli studenti in quella classe, provoca una violazione del vincolo di integrità referenziale e quindi viene respinto dal DBMS.
Talvolta può risultare conveniente impostare degli automatismi nella gestione delle chiavi esterne in modo da semplificare il lavoro del programmatore.
Ad esempio, quando si intende eliminare una classe si potrebbe volere eliminare automaticamente anche tutti i suoi studenti, oppure togliere a tali studenti il riferimento alla classe eliminata e impostarlo a NULL.
Si tratta, quindi, di definire le cosiddette "azioni referenziali" per la chiave esterna.
Nel caso della tabella Alunni, si potrebbe impostare la clausola

ON DELETE NO ACTION   (equivalente a ON DELETE RESTRICT[2])

che è quella predefinita e che impedisce la cancellazione della classe che ha degli alunni.
Oppure l'azione

ON DELETE CASCADE

che propaga la cancellazione di una classe anche ai suoi alunni: si parla di "cancellazione in cascata".
Oppure

ON DELETE SET DEFAULT

---

[2] C'è una differenza tra loro solo nei DBMS che hanno controlli differiti (deferred checks). In MySQL sono equivalenti.

dove la cancellazione di una classe comporta l'assegnazione alla chiave esterna (il campo classe degli studenti) di un valore di default, che potrebbe essere impostato a NULL oppure a stringa vuota "".

Per quanto riguarda le modifiche di valore della chiave primaria ID di una classe, si potrebbe lasciare il comportamento predefinito, che ne impedisce la modifica in presenza di studenti di quella classe

ON UPDATE NO ACTION   (equivalente a ON UPDATE RESTRICT[3])

Oppure si può propagare la variazione di valore in cascata anche alla chiave esterna corrispondente

ON UPDATE CASCADE

Questa modifica in cascata consente di modificare l'ID di una classe e ritrovarsi automaticamente tutti i suoi studenti correttamente associati alla classe corrispondente al nuovo valore dell'ID.
Oppure si può assegnare un valore di default alla chiave esterna a seguito della modifica del valore della chiave primaria collegata

ON UPDATE SET DEFAULT

In generale conviene essere molto cauti nel prevedere azioni referenziali in cascata, perché si potrebbero innescare cancellazioni che vanno a propagarsi in diverse tabelle del database.
Si deve pertanto considerare attentamente se una azione in cascata risulta opportuna oppure no.

Esempio

Un esempio dove si può considerare utile la cancellazione in cascata è quello della tabella ORDINI collegata alla tabella di DETTAGLIO degli stessi.
In questa situazione è necessario che l'operazione di eliminazione di un ordine comporti anche la rimozione di tutte le sue righe di dettaglio.

```
CREATE TABLE Ordini
(
    Numero INT PRIMARY KEY AUTO_INCREMENT,
```

---

[3] C'è una differenza tra loro solo nei DBMS che hanno controlli differiti (deferred checks). In MySQL sono equivalenti.

    Data DATE,
    TotaleImporto INT,
    CodiceCliente CHAR(10)
)

CREATE TABLE Dettaglio
(
    NumOrdine INT,
    NumRiga INT,
    Articolo VARCHAR(100),
    Importo INT,
    PRIMARY KEY (NumOrdine, NumRiga),
    FOREIGN KEY (NumOrdine) REFERENCES Ordini(Numero)
    ON UPDATE CASCADE, ON DELETE CASCADE
)

Si noti che

- nella tabella Dettaglio la chiave primaria è costituita dalla coppia di campi NumOrdine e NumRiga.
- il campo NumOrdine funge da chiave esterna verso la tabella Ordini.
- il campo NumRiga consente di riprodurre sempre nello stesso ordine le righe dell'ordine.

Tabella Ordini

Numero (PK)	Data	TotaleImporto	CodiceCliente
101	20/10/2021	1000	C23
102	22/10/2021	200	C44
103	22/10/2021	350	C18

Tabella Dettaglio

NumOrdine (PK) (FK)	NumRiga (PK)	Articolo	Importo
101	1	Aspirapolvere 123	200
101	2	Televisore AA22	800
102	1	Aspirapolvere 123	200
103	1	Tostapane W3	50
103	2	Lavatrice ASD	300

Pertanto, con l'istruzione

DELETE FROM Ordini WHERE Numero = 101

si ottiene l'eliminazione dell'intero ordine 101.

Sottoinsiemi e gerarchie di specializzazione

Il **Modello E/R Esteso** (EER = Enhanced ER) arricchisce il modello E/R con la capacità di esprimere anche il concetto di sottoinsieme di una entità e le gerarchie di specializzazione di entità che, se viste in senso opposto, corrispondono al concetto di generalizzazione di entità.

Le **gerarchie IS A** (è un) esprimono una Entità come **sottoinsieme** di un'altra Entità.

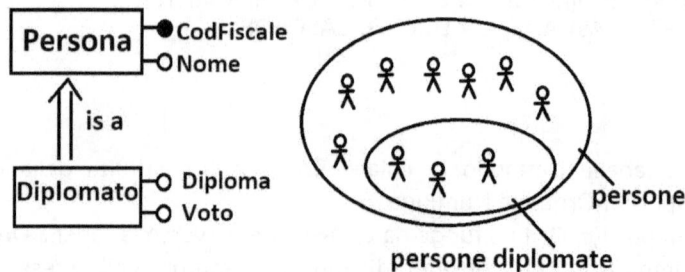

Esempio di gerarchia IS-A

In questo esempio si evidenziano le persone Diplomate come sottoinsieme di tutte le Persone.
L'identificatore e gli attributi dell'entità più generale vengono ereditati dall'entità più specifica, la quale aggiunge degli altri attributi specifici.
Si può anche dire che un Diplomato "è una" Persona, con in più il Diploma e il Voto.
Il modello relazionale non considera questo concetto e il mapping viene effettuato creando un'unica tabella per tutta la gerarchia, con il campo Diplomato (si/no) per poter individuare le persone diplomate.
Per le persone non diplomate, i campi specifici Diploma e Voto rimarranno senza valore (NULL) in quanto non pertinenti.

Persone (**CodFiscale**, Nome, Diplomato, Diploma, Voto)

Tabella Persone

CodFiscale (PK)	Nome	Diplomato	Diploma	Voto
AB123	Rossi Mario	no		
CD234	Verdi Lino	no		
EF345	Gialli Elena	si	Ragioneria	90
MRE33	Marrone Emma	si	Scientifico	100

Quando gli elementi di un insieme vengono suddivisi in più sottoinsiemi, si ottiene una **gerarchia di specializzazione**, ovvero si hanno diverse sottocategorie di elementi che si distinguono per le loro caratteristiche specifiche.
Ad esempio, gli impiegati di una azienda si possono distinguere in base al tipo di contratto di assunzione: a tempo indeterminato oppure a tempo determinato.

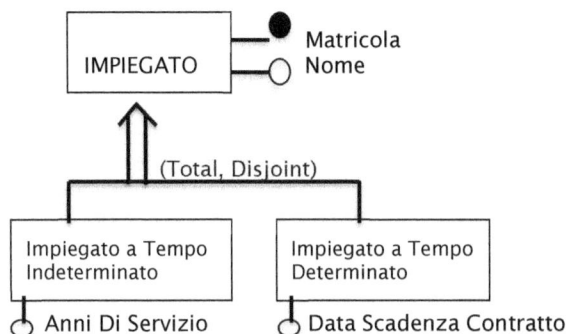

Esempio di gerarchia di specializzazione Totale con sottoinsiemi Disgiunti

I sottoinsiemi che si ottengono possono essere Disgiunti (Disjoint) oppure Sovrapposti (Overlapped) ed inoltre essi possono includere la totalità degli elementi dell'insieme di partenza (Total) oppure solo una parte degli stessi (Partial).
Una gerarchia di specializzazione può anche essere interpretata dal basso verso l'alto come una **generalizzazione** di diverse categorie di elementi di cui si evidenziano gli attributi in comune.

La suddetta gerarchia di specializzazione degli impiegati di una azienda può essere trasformata in un'unica tabella con tutti gli attributi previsti sia per gli impiegati a tempo indeterminato che per quelli a tempo indeterminato, dei quali però resteranno senza valore (NULL) quelli non pertinenti all'effettiva situazione di ciascun impiegato.
Si deve inoltre aggiungere l'attributo Tipo che specifica di che tipo di impiegato si tratta. In questo caso, Tipo coincide con il tipo di contratto.

Impiegati (**Matricola**, Nome, Tipo, AnniDiServizio, DataScadenzaContratto)

Tipo può assumere uno dei valori "Indeterminato" o "Determinato", che si possono anche abbreviare con un solo carattere "I" o "D"
Un altro esempio: rappresentazione degli impiegati di una azienda distinguendo gli addetti alla squadra antincendio e gli addetti al pronto soccorso.
I primi hanno la data di conseguimento del patentino e gli ultimi il numero di ore di formazione effettuate presso l'ULSS.
Si precisa che non tutti gli impiegati dell'azienda sono impegnati nelle suddette squadre di intervento.

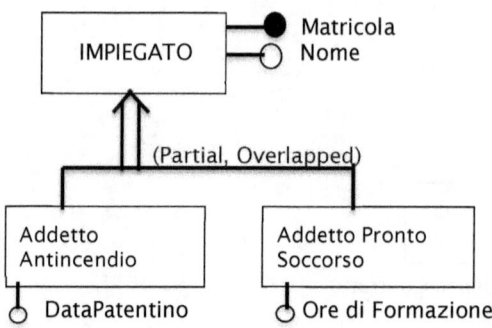

Esempio di gerarchia di specializzazione Parziale con sottoinsiemi Sovrapposti

La suddetta gerarchia di specializzazione degli impiegati di una azienda può essere trasformata in un'unica tabella con tutti gli attributi previsti sia per gli addetti antincendio che per gli addetti al pronto soccorso.
Ci possono essere impiegati che appartengono ad entrambe le categorie e anche impiegati che non appartengono a nessuna di esse.
Gli attributi non pertinenti resteranno senza valore (NULL).
Per conoscere a quali categorie appartiene eventualmente l'impiegato, si devono aggiungere 2 attributi (uno per ciascuna categoria) con valore booleano (si/no) per indicare l'appartenenza o meno alla corrispondente categoria.

Impiegati
Matricola
Nome
AddettoAntincendio (si/no)
AddettoProntoSoccorso (si/no)
DataPatentino
OreDiFormazione

Varianti per il mapping di una gerarchia di specializzazione

La soluzione di creare un'unica tabella comporta una certa presenza di valori NULL per i campi non pertinenti di ciascun sottotipo di impiegato.
Per evitare campi non pertinenti, si possono attuare due diverse alternative:

- mapping su più tabelle: una tabella per l'entità generale e una tabella per ciascuno dei sottotipi, collegate con chiave esterna alla tabella generale. Questa soluzione è applicabile a tutti i tipi di gerarchia.

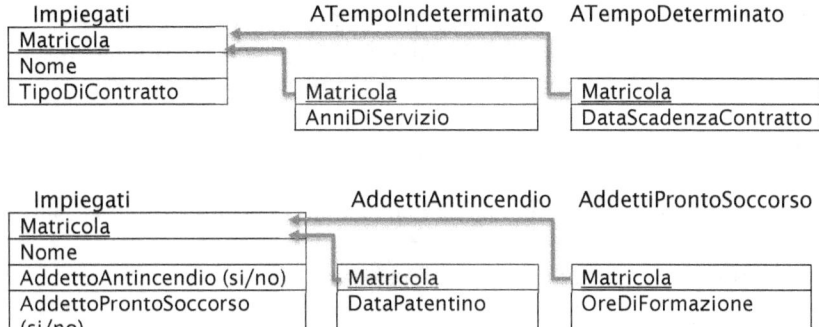

dove le tabelle dei sottotipi hanno il campo Matricola con funzione sia di chiave primaria che di chiave esterna; in questo modo si ottiene un particolare collegamento 1:1 con la tabella Impiegati.

- Mapping su più tabelle separate, una per ciascuno dei sottotipi. Questa soluzione è applicabile solo a gerarchie totali con sottotipi disgiunti.

ImpiegatiATempoIndeterminato
Matricola
Nome
AnniDiServizio

ImpiegatiATempoDeterminato
Matricola
Nome
DataScadenzaContratto

ESERCIZIO (non svolto) insegnanti

Rappresentare con un diagramma E/R gli insegnanti di una scuola, che si distinguono in insegnanti di teoria (IT), insegnanti tecnico pratici (ITP) e insegnanti di sostegno (IS). Tutti gli insegnanti hanno un numero di matricola, cognome e nome, email istituzionale e numero telefono. Inoltre, per gli insegnanti di teoria si registrano il titolo di studio (es.: Laurea in Ingegneria

Informatica) e gli insegnamenti che effettuano (es.: Italiano in 5BI, Storia in 5BI, Italiano in 4BI), anche gli ITP sono associati agli insegnamenti che attuano (es.: Lab. di Meccanica in 4AM) inoltre, per ciascuno di essi, si specifica con quale insegnante di teoria sono abbinati; per gli insegnanti di sostegno si registra il fatto se essi sono abilitati o meno.
Effettuare il mapping e produrre le corrispondenti tabelle.

ESERCIZIO (non svolto) musei

Si vuole progettare una base di dati per gestire le informazioni sui musei italiani, con le opere che conservano e gli artisti che hanno creato tali opere.
Di un museo interessano il nome, che lo identifica, la città, l'indirizzo e il nome del direttore.
Un artista è identificato dal nome; di lui interessano la nazionalità, la data di nascita, la eventuale data di morte.
Di un'opera, identificata da un codice, interessano, l'anno di creazione e il titolo, il nome dei personaggi rappresentati.
Un'opera può essere un dipinto o una scultura: se è un dipinto interessano il tipo di pittura e le dimensioni; se è una scultura interessano il materiale, l'altezza ed il peso.
Rappresentare i dati con un diagramma E/R.
Effettuare il mapping e produrre le corrispondenti tabelle.

ESERCIZIO (non svolto) orario delle lezioni

La segreteria di una scuola deve gestire le informazioni relative all'orario annuale delle lezioni degli studenti. Le informazioni da rappresentare riguardano le aule, le classi e le lezioni. Le aule sono identificate da un numero; di ogni aula interessa il numero di posti, il piano dell'edificio in cui è situata, se è o non è dotata di videoproiettore. Alcune aule fungono da laboratori, con un nome e la descrizione delle attrezzature ivi presenti.
Le classi sono identificate da un codice, appartengono ad una determinata specializzazione (es.: meccanica, informatica, elettrotecnica) e hanno un certo numero di studenti.
Le lezioni sono caratterizzate da un'ora d'inizio, un'ora di fine, e il giorno della settimana; ogni lezione è tenuta in un'aula e riguarda una materia.
Rappresentare i dati con un diagramma E/R.
Effettuare il mapping e produrre le corrispondenti tabelle.

5. Le Forme Normali

Il modello relazionale prevede delle regole per la corretta costruzione delle tabelle, che prendono il nome di Forme Normali.
La Prima Forma Normale, **1FN**, è l'unica obbligatoria. Essa prevede che nelle tabelle non siano ammessi **campi multivalore**.

Esempio di tabella che viola la 1FN

tabella Viaggi

ID (PK)	Data	Città Partenza	Destinazione	Soste (campo multivalore)
1	2021-10-20	Padova	Trieste	Mestre, Pordenone, Portogruaro, Gorizia
2	2021-10-20	Treviso	Padova	Camposampiero
3	2021-10-22	Treviso	Venezia	Noale, Salzano, Mestre

Si ricorda che i motivi di questo impedimento sono

- le difficoltà nel dimensionamento del campo multivalore; infatti, si può avere una notevole variabilità nel numero di valori che esso andrà a contenere nei diversi record,
- le difficoltà nell'effettuazione delle ricerche, in quanto esso richiede la scansione sequenziale carattere per carattere dei valori in esso contenuti.

In particolare, il secondo motivo comporta tempi di ricerca non sostenibili da un DBMS.
Per risolvere il problema dei campi multivalore si dovrà applicare la seguente procedura di normalizzazione:

- Eliminare dalla tabella Viaggi il campo multivalore (Soste)
- Creare una tabella aggiuntiva per contenere i valori di questo campo, distribuiti uno per uno nelle diverse righe di tale tabella
- Aggiungere il campo chiave primaria della tabella di partenza (ID) con ruolo di chiave esterna, per poter ricostruire l'associazione di ciascun valore con il corrispondente record della tabella di partenza
- La chiave primaria di questa tabella risulta essere la coppia di campi che essa contiene: Sosta, IDViaggio

Viaggi (ID, Data, CittàPartenza, Destinazione)
Soste (Sosta, IDViaggio)

tabella Soste

Sosta (PK)	IDViaggio (PK) (FK)
Mestre	1
Pordenone	1
Portogruaro	1
Gorizia	1
Camposampiero	2
Noale	3
Salzano	3
Mestre	3

Si noti che nell'esempio in esame si rischia di perdere la successione temporale delle soste effettuate nell'ambito di un viaggio, in quanto si ricorda che l'ordine delle righe non ha nessun valore nel modello relazionale.
Pertanto conviene aggiungere un ulteriore campo numerico per indicare l'ordine di effettuazione di ciascuna sosta:

tabella Soste

Sosta	IDViaggio (PK) (FK)	NumSosta (PK)
Mestre	1	1
Pordenone	1	2
Portogruaro	1	3
Gorizia	1	4
Camposampiero	2	1
Noale	3	1
Salzano	3	2
Mestre	3	3

∞

1

tabella Viaggi

ID (PK)	Data	Città Partenza	Destinazione
1	2021-10-20	Padova	Trieste
2	2021-10-20	Treviso	Padova
3	2021-10-22	Treviso	Venezia

La chiave primaria della tabella Soste sarà costituita dalla coppia di campi formata dall'IDViaggio e dal campo NumSosta che mette in ordine le soste.
In questo modo non ci sarebbe nessun problema ad avere ripetizioni di qualche località di sosta in un viaggio!

ESERCIZIO pagella

Sia data la tabella che contiene i dati delle pagelle degli studenti (una pagella per riga):

tabella Pagelle

ID (PK)	Matricola Studente (FK)	Data	Esito	Voti (campo multivalore)
101	1234	2020-06-30	Promosso	Italiano 6, matematica 8, inglese 7, informatica 9, telecomunicazioni 7
102	1235	2020-06-30	Promosso	Italiano 8, matematica 6, inglese 9, informatica 7, telecomunicazioni 6
103	1234	2021-06-30	Promosso	Italiano 7, matematica 9, inglese 7, informatica 9, gestione progetto 9

Si vuole ricondurre la tabella alla 1FN.
Si noti come i dati di ciascuna pagella verranno ripartiti in due tabelle genericamente indicate come "parte generale" ("master") e "dettaglio" ("detail").

Soluzione

tabella Pagelle   (dati generali)

ID (PK)	Matricola Studente	Data	Esito
101	1234	2020-06-30	Promosso
102	1235	2020-06-30	Promosso
103	1234	2021-06-30	Promosso

1
|
∞

tabella Voti   (dettaglio della pagella)

IDPagella (PK)	Materia (PK)	Voto
101	Italiano	6
101	Matematica	8
101	Inglese	7
101	Informatica	9
101	Telecomunicazioni	7
102	Italiano	8
...	...	...

Eliminazione della ridondanza

Le successive forme normali 2FN, 3FN, BCNF (Boyce-Codd Normal Form) sono finalizzate ad evitare situazioni di ridondanza dei dati.
Innanzitutto si deve conoscere il concetto di **Dipendenza Funzionale** di un campo B da un campo A, in simboli A → B, che indica il fatto che il valore di B è determinato dal valore di A

Esempi

MatricolaStudente → CognomeStudente
MatricolaStudente → NomeStudente

Infatti, data la matricola dello studente si ricavano il suo cognome e il suo nome.

Si può anche scrivere in maniera più compatta:

MatricolaStudente → CognomeStudente, NomeStudente

ESERCIZIO film

Individuare le dipendenze funzionali nella seguente tabella delle interpretazioni dei film

tabella Interpretazioni

ID Film	Titolo	Nome Attore	Nazionalità Attore	Anno Film	Regista	Personaggio
1	Top Gun	Tom Cruise	USA	1986	Tony Scott	Maverick
1	Top Gun	Kelly McGillis	USA	1986	Tony Scott	Charlie
3	Mission Impossible	Tom Cruise	USA	1996	Bryan De Palma	Hunt

Soluzione

Le dipendenze funzionali vanno individuate basandosi sul significato dei campi; non ci si deve limitare ai soli dati mostrati nella tabella di esempio!

Si individuano le seguenti dipendenze funzionali:

IDFilm → Titolo, AnnoFilm, Regista
NomeAttore → NazionalitàAttore
IDFilm, NomeAttore → Personaggio

Per riconoscere la **chiave primaria** della tabella, si individuano il campo, o la combinazione di campi, che determina tutti gli altri campi della tabella.
La coppia IDFilm e NomeAttore determina il campo Personaggio e anche tutti gli altri campi e pertanto è la chiave primaria della tabella.
A livello intuitivo si nota la presenza di dati ridondanti nella suddetta tabella.
Infatti, il titolo del film, l'anno del film e il regista vengono ripetuti ogni volta che compare lo stesso IDFilm.
Anche la nazionalità di Tom Cruise viene ripetuta più volte, una per ciascuna sua interpretazione.

La Seconda Forma Normale, **2FN,** non ammette dipendenze funzionali PARZIALI dalla chiave primaria.

Nella tabella Interpretazioni, le dipendenze

IDFilm → Titolo, AnnoFilm, Regista
NomeAttore → NazionalitàAttore

sono **dipendenze parziali** dalla chiave primaria in quanto il campo che determina gli altri costituisce una parte della chiave primaria.

Invece la dipendenza   IDFilm, NomeAttore → Personaggio
esprime la **dipendenza totale** del campo Personaggio dalla chiave primaria.

Film

ID (PK)	Titolo	Anno	Regista
1	Top Gun	1986	Tony Scott
3	Mission Impossible	1996	Bryan De Palma

Attori

Nome (PK)	Nazionalità
Tom Cruise	USA
Kelly McGillis	USA

Interpretazioni

IDFilm (PK)	Nome (PK) Attore	Personaggio
1	Tom Cruise	Maverick
1	Kelly McGillis	Charlie
3	Tom Cruise	Hunt

Le dipendenze parziali devono essere eliminate perché causano una ridondanza dei dati.
La procedura di normalizzazione è la seguente: si eliminano i campi che dipendono parzialmente dalla chiave primaria e li si trasferisce in una nuova tabella con l'aggiunta del campo da cui essi dipendono.

Quando è soddisfatta la 2FN si passa a considerare la 3FN.

La Terza Forma Normale, **3FN,** non ammette dipendenze funzionali TRANSITIVE dalla chiave primaria.
Per la precisione, la 3FN considera solo le dipendenze transitive che coinvolgono campi non facenti parte della chiave primaria.

☞ Le dipendenze funzionali godono della proprietà transitiva.
Infatti, se A → B e B → C allora vale anche A → C

ESEMPIO studenti

Si consideri la tabella degli studenti di una scuola

tabella Studenti

Matricola	Nome	Classe	Specializzazione	Aula
1	Rossi Mario	4BI	Informatica	23
2	Gialli Luca	5BI	Informatica	34
3	Verdi Gino	5BI	Informatica	34

Le dipendenze funzionali rilevate sono:

Matricola → Nome, Classe
Classe → Specializzazione, Aula

La chiave primaria è il campo Matricola, in quanto determina tutti gli altri campi della tabella.
La dipendenza Matricola → Nome, Classe è una dipendenza totale dalla chiave primaria, mentre la dipendenza

Classe → Specializzazione, Aula

costituisce una dipendenza transitiva dalla chiave primaria, infatti si ha la seguente catena di dipendenze

Matricola → Classe → Specializzazione, Aula

Le dipendenze transitive causano una ridondanza di dati. Infatti, la specializzazione e l'aula vengono ripetute per ogni alunno della medesima classe.
La procedura di normalizzazione è sempre la stessa: si eliminano i campi che dipendono transitivamente dalla chiave primaria e li si trasferisce in una nuova tabella con l'aggiunta del campo da cui essi dipendono.

Classi

Classe (PK)	Specializzazione	Aula
4BI	Informatica	23
5BI	Informatica	34

Studenti

Matricola (PK)	Nome	Classe
1	Rossi Mario	4BI
2	Gialli Luca	5BI
3	Verdi Gino	5BI

1 ─────────────────────── ∞

👉 La procedura di normalizzazione attua una "**decomposizione senza perdita**" (lossless decomposition), ovvero è possibile ricostruire la tabella di partenza ricongiungendo i dati delle due tabelle ottenute (join).

ESERCIZIO clinica veterinaria (da università di Toronto)

Normalizzare la seguente tabella utilizzata da una clinica veterinaria

HEALTH HISTORY REPORT

PET ID	PET NAME	PET TYPE	PET AGE	OWNER	VISIT DATE and PROCEDURE
246	ROVER	DOG	12	SAM COOK	JAN 13/2002 01 - RABIES VACCINATION MAR 27/2002 10 - EXAMINE and TREAT WOUND APR 02/2002 05 - HEART WORM TEST
298	SPOT	DOG	2	TERRY KIM	JAN 21/2002 08 - TETANUS VACCINATION MAR 10/2002 05 - HEART WORM TEST
341	MORRIS	CAT	4	SAM COOK	JAN 23/2001 01 - RABIES VACCINATION JAN 13/2002 01 - RABIES VACCINATION
519	TWEEDY	BIRD	2	TERRY KIM	APR 30/2002 20 - ANNUAL CHECK UP APR 30/2002 12 - EYE WASH

Soluzione

Si analizzano in sequenza il rispetto della 1FN, della 2FN e della 3FN

1FN: La tabella non è in prima forma normale perché c'è un campo multivalore. Quindi bisogna creare un'altra tabella per le visite.

PETS

PET ID	PET NAME	PET TYPE	PET AGE	OWNER
246	ROVER	DOG	12	SAM COOK
298	SPOT	DOG	2	TERRY KIM
341	MORRIS	CAT	4	SAM COOK
519	TWEEDY	BIRD	2	TERRY KIM

VISITS

PET ID	VISIT DATE	PROC ID	PROCEDURE
246	JAN 13/2002	01	RABIES VACCINATION
246	MAR 27/2002	10	EXAMINE and TREAT WOUND
246	APR 02/2002	05	HEART WORM TEST
298	JAN 21/2002	08	TETANUS VACCINATION
298	MAR 10/2002	05	HEART WORM TEST
341	JAN 23/2001	01	RABIES VACCINATION
341	JAN 13/2002	01	RABIES VACCINATION
519	APR 30/2002	20	ANNUAL CHECK UP
519	APR 30/2002	12	EYE WASH

Nella tabella Pets la chiave primaria è data dal campo Pet ID.
Nella tabella Visits la chiave primaria è data dalla terna di campi Pet ID, Visit Date, Proc ID, poichè si assume che per lo stesso animale non si possano fare nello stesso giorno due visite con la stessa procedura.
Inoltre, si considera che ogni visita comprenda una sola procedura; nel caso si debbano effettuare due procedure, si dovranno registrare due visite nello stesso giorno.

2FN: La tabella Pets è in 2FN. Invece la tabella Visits no, perché c'è una dipendenza parziale dalla chiave primaria: Proc ID → Procedure
Pertanto si fa una tabella delle procedure.

PETS

PET ID	PET NAME	PET TYPE	PET AGE	OWNER
246	ROVER	DOG	12	SAM COOK
298	SPOT	DOG	2	TERRY KIM
341	MORRIS	CAT	4	SAM COOK
519	TWEEDY	BIRD	2	TERRY KIM

VISITS

PET ID	VISIT DATE	PROC ID
246	JAN 13/2002	01

246	MAR 27/2002	10
246	APR 02/2002	05
298	JAN 21/2002	08
298	MAR 10/2002	05
341	JAN 23/2001	01
341	JAN 13/2002	01
519	APR 30/2002	20
519	APR 30/2002	12

PROCEDURES

PROC ID	PROCEDURE
12	RABIES VACCINATION
10	EXAMINE and TREAT WOUND
05	HEART WORM TEST
08	TETANUS VACCINATION
05	HEART WORM TEST
12	RABIES VACCINATION
01	RABIES VACCINATION
20	ANNUAL CHECK UP
12	EYE WASH

3FN: Tutte le tabelle soddisfano la 3FN non essendoci dipendenze transitive dalla chiave primaria

ESERCIZIO fattura (da università di Toronto)

Dato il seguente documento cartaceo che costituisce una fattura (invoice) della clinica veterinaria, ricavare le tabelle normalizzate:

```
                        INVOICE

HILLTOP ANIMAL HOSPITAL              DATE: JAN 13/2021
INVOICE # 987

MR. RICHARD COOK
12 ROSE STREET, GUELPH, ONTARIO
Z123

PET        PROCEDURE                 AMOUNT
ROVER      01 - RABIES VACCINATION   30.00
MORRIS     01 -RABIES VACCINATION    24.00

     TOTAL                           54.00
     TAX (8%)                         4.32
     AMOUNT OWING                    58.32
```

Soluzione

La tabella di partenza non normalizzata è la seguente

Fatture
NumFattura (PK)
Data
NomeCliente
Indirizzo
Città
Stato
CodiceCliente
Dettaglio (Animale, ID procedura, procedura, Importo)
Totale
IVA
ImportoDovuto

La 1FN non è rispettata perché è presente un campo multivalore. Pertanto si ottengono le seguenti due tabelle

Fatture

Num	Data	Nome Cliente	Indirizzo	Città	Stato	Codice Cliente	Totale	IVA	Importo Dovuto
987	13/01/2021	MR. RICHARD COOK	12 ROSE STREET	GUELPH	ONTARIO	Z123	54.00	4.32	58.32

Dettaglio

Nome Animale	Id Procedura	Nome Procedura	Prezzo	NumFattura
ROVER	01	RABIES VACCINATION	30.00	987
MORRIS	01	RABIES VACCINATION	24.00	987

Si ipotizza che nella stessa fattura non vi possano essere ripetizioni della stessa procedura per lo stesso animale, pertanto la chiave primaria di Dettaglio è la terna di campi NomeAnimale, IdProcedura, NumFattura

La 2FN è rispettata dalla tabella Fatture, ma non è rispettata dalla tabella Dettaglio a causa della dipendenza parziale

IdProcedura → NomeProcedura

Pertanto si crea la tabella delle procedure e si rimuove il campo NomeProcedura dalla tabella Dettaglio

Dettaglio

Nome Animale	Id Procedura	Prezzo	Num Fattura
ROVER	01	30.00	987
MORRIS	01	24.00	987

Procedure

Id Procedura	Nome Procedura
01	RABIES VACCINATION

La 3FN non è rispettata nella tabella Fatture per la seguente dipendenza transitiva

NumFattura → CodiceCliente → NomeCliente, Indirizzo, Città, Stato

Dopo la normalizzazione in 3FN della tabella Fatture si hanno le seguenti tabelle

Fatture

Num	Data	CodiceCliente	Totale	IVA	ImportoDovuto
987	13/01/2021	Z123	54.00	4.32	58.32

Clienti

CodiceCliente	NomeCliente	Indirizzo	Città	Stato
Z123	MR. RICHARD COOK	12 ROSE STREET	GUELPH	ONTARIO

Dettaglio

Nome Animale	IdProcedura	Prezzo	NumFattura
ROVER	01	30.00	987
MORRIS	01	24.00	987

Procedure

IdProcedura	NomeProcedura
01	RABIES VACCINATION

La tabella Clienti non è in 3FN perchè si ha la dipendenza transitiva

CodiceCliente → Città → Stato

Inoltre, si nota che il campo ImportoDovuto può essere immediatamente calcolato come somma di Totale e IVA, pertanto conviene eliminarlo.
In definitiva le tabelle normalizzate in 3FN sono le seguenti

Fatture

Num	Data	CodiceCliente	Totale	IVA
987	13/01/2021	Z123	54.00	4.32

Clienti

CodiceCliente	NomeCliente	Indirizzo	Città
Z123	MR. RICHARD COOK	12 ROSE STREET	GUELPH

Città

Città	Stato
GUELPH	ONTARIO

Dettaglio

NomeAnimale	IdProcedura	Prezzo	NumFattura
ROVER	01	30.00	987
MORRIS	01	24.00	987

Procedure

IdProcedura	NomeProcedura
01	RABIES VACCINATION

La BCNF - Boyce-Codd Normal Form

Le dipendenze funzionali presenti nella tabella iniziale dell'esercizio precedente sono

NumFattura → Data, CodiceCliente, Totale, IVA
CodiceCliente → NomeCliente, Indirizzo, Città
Città → Stato
NomeAnimale, IdProcedura, NumFattura → Prezzo
IdProcedura → NomeProcedura

Al termine del processo di normalizzazione, si sono ottenute le seguenti relazioni

Fatture (**NumFattura**, Data, CodiceCliente, Totale, IVA)
Clienti (**CodiceCliente**, NomeCliente, Indirizzo, Città)
Città (**Città**, Stato)
Dettaglio (**NomeAnimale, IdProcedura, NumFattura**, Prezzo)
Procedure (**IdProcedura**, NomeProcedura)

☛ Osservazione: si noti che **le dipendenze funzionali coincidono con le tabelle ottenute dalla normalizzazione**, dove la chiave primaria di ciascuna tabella è data dal campo (o insieme di campi) da cui dipendono gli altri campi.

Questa osservazione fornisce la procedura di normalizzazione della BCNF.

In pratica la BCNF coincide con la 3FN e suggerisce un modo per produrre direttamente le tabelle a partire dalle dipendenze funzionali individuate.
In generale la BCNF è leggermente più restrittiva della 3FN.
Infatti, essa non ammette neanche le dipendenze transitive dalla chiave primaria che coinvolgono campi facenti parte della chiave primaria (i cosiddetti "attributi primi").
Questo significa che la BCNF non consente la dipendenza X → Y dove Y è un campo "primo", cioè facente parte della chiave primaria; invece la 3FN ammette questo tipo di dipendenza funzionale.

Esempio 1

Si consideri la tabella Interpretazioni dei film

Interpretazioni
IDFilm (PK)
NomeAttore (PK)
TitoloFilm
AnnoFilm
RegistaFilm
NazionalitàAttore
PersonaggioInterpretato

Le dipendenze funzionali individuate sono

IDFilm → TitoloFilm, AnnoFilm, RegistaFilm
NomeAttore → NazionalitàAttore
IDFilm, NomeAttore → PersonaggioInterpretato

Pertanto le tabelle normalizzate in BCNF sono le seguenti:

Film (**IDFilm,** TitoloFilm, AnnoFilm, RegistaFilm)
Attori (**NomeAttore,** NazionalitàAttore)
Interpretazioni (**IDFilm, NomeAttore,** PersonaggioInterpretato)

Esempio 2

Si considera la tabella degli studi effettuati dai singoli studenti di una scuola.

Ipotesi:
- ciascun docente insegna una sola materia
- ciascuno studente studia una materia solo con un docente

tabella Studi

Docente	Materia (PK)	Studente (PK)
baro	sistemi	rossi
bandiera	informatica	rossi
bandiera	informatica	bianchi
momi	sistemi	verdi
bandiera	informatica	verdi

La chiave primaria è la coppia di campi Materia, Studente.

Le dipendenze funzionali sono:

Studente, Materia → Docente
Docente → Materia

Poiché materia è un campo "primo" che dipende da un campo che non fa parte della chiave primaria, la tabella Studi viola la BCNF, pur essendo in 3FN.
Infatti, non ci sono dipendenze parziali dalla chiave primaria e non ci sono dipendenze transitive dalla chiave primaria di campi non facenti parte della chiave.
Se si applica la suddetta tecnica di scomposizione si otterrebbero due tabelle, dove la prima coincide con la tabella di partenza e quindi non soddisfa la BCNF

Studi (**Studente, Materia**, Docente) !!!!!!
Insegna (**Docente**, Materia)

Per risolvere il problema di soddisfare la BCNF, si considera il fatto che se si conosce il docente si ricava la sua materia (essendo Docente → Materia), pertanto nella tabella Studi si può togliere il campo Materia senza perdere nessuna informazione.
In questo modo, nella tabella Studi rimarrebbe la coppia di campi Studente, Docente, che assieme fungono da chiave primaria.
Pertanto la soluzione in BCNF è

Studi (**Studente, Docente**)
Insegna (**Docente**, Materia)

tabella Studi

Studente (PK)	Docente (PK)
rossi	baro
rossi	bandiera
bianchi	bandiera
verdi	momi
verdi	bandiera

tabella Insegna

Docente (PK)	Materia
baro	sistemi
bandiera	informatica
momi	sistemi

Si intuisce anche che la ridondanza nella tabella di partenza era data dal fatto che ogni volta che veniva ripetuto il nome di un docente veniva ripetuta anche la materia da lui insegnata.

Approfondimento: Dipendenze multivalore e 4FN

La presenza di un campo multivalore può dare dei problemi di ridondanza nel caso in cui il contenuto di questo campo dipenda da una parte della chiave primaria della tabella.
Si abbia ad esempio la tabella dei ViaggiProgrammati da una agenzia viaggi

Tabella ViaggiProgrammati

Tour (PK)	Data (PK)	PostiPrenotati	Tappe
Europa	1 gen	10	Roma, Parigi, Londra
Francia	2 gen	20	Lione, Parigi
Europa	3 gen	6	Roma, Parigi, Londra

Si ipotizza che l'elenco delle tappe sia sempre lo stesso per un determinato Tour.
Si può normalizzare la suddetta tabella per rispettare la 1FN

Tabella ViaggiProgrammati

Tour (PK)	Data (PK)	PostiPrenotati
Europa	1 gen	10
Francia	2 gen	20
Europa	3 gen	6

Tabella Tappe

Tour (PK)	Data (PK)	Tappa (PK)
Europa	1 gen	Roma
Europa	1 gen	Parigi
Europa	1 gen	Londra
Francia	2 gen	Lione
Francia	2 gen	Parigi
Europa	3 gen	Roma
Europa	3 gen	Parigi
Europa	3 gen	Londra

Quest'ultima tabella "tutta chiave" è in BCNF ma si intuisce che c'è una ridondanza dovuta alla ripetizione delle tappe per ciascun Tour.
In sostanza si ha una "dipendenza funzionale multivalore" (si usa la freccia doppia —>>) del campo Tappa dal campo Tour

Tour —>> Tappa

nell'ipotesi che i Tour con lo stesso nome abbiano sempre le stesse tappe.
La suddetta dipendenza equivale a scrivere la seguente dipendenza funzionale

Tour → Tappe (campo multivalore)

evidenziata già nella prima tabella ViaggiProgrammati.

La **4FN** (Quarta Forma Normale) non ammette le dipendenze multivalore.

Per normalizzare la tabella pertanto si dovrà spezzare in due la tabella Tappe

Tabella Tappe1

Tour (PK)	Data (PK)
Europa	1 gen
Francia	2 gen
Europa	3 gen

Tabella Tappe2

Tour (PK)	Tappa (PK)
Europa	Roma
Europa	Parigi
Europa	Londra
Francia	Lione
Francia	Parigi

Tuttavia la tabella Tappe1 viene eliminata perché ripete i dati della tabella ViaggiProgrammati.
In definitiva, si ottengono le seguenti tabelle che soddisfano la 4FN

Tabella ViaggiProgrammati

Tour (PK)	Data (PK)	PostiPrenotati
Europa	1 gen	10
Francia	2 gen	20
Europa	3 gen	6

Tabella Tappe

Tour (PK)	Tappa (PK)
Europa	Roma
Europa	Parigi
Europa	Londra
Francia	Lione
Francia	Parigi

Tabella Tour

NomeTour (PK)
Europa
Francia

E' stata aggiunta la tabella Tour con i nomi dei tour per consentire il collegamento tra le due suddette tabelle.
Il campo NomeTour corrisponde al campo Tour in comune alle chiavi primarie delle tabelle ViaggiProgrammati e Tappe.

QUESITO

Nel suddetto database dell'agenzia viaggi non viene impostato l'ordine di visita delle città che costituiscono le tappe di un tour.
Proporre una soluzione che aggiunge tale informazione.

☞ Osservazione: si sarebbe arrivati direttamente alla soluzione normalizzata qualora si fosse partiti da un diagramma E/R che teneva separati i concetti di Tour, Tappe e ViaggiProgrammati, evitando già in partenza di avere attributi multivalore!

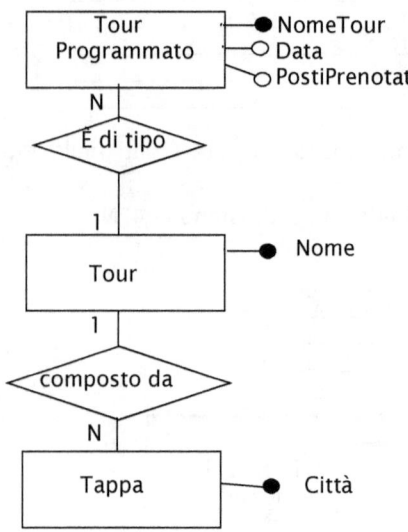

Considerazioni conclusive sulla normalizzazione

Poiché è importante mantenere sotto controllo la ridondanza dei dati in un database, conviene raggiungere sempre il livello di normalizzazione della 3FN, o della BCNF.

Si è osservato che il processo di normalizzazione porta alla generazione di nuove tabelle per evitare ripetizioni inutili di dati all'interno di una tabella.

In fase di ricerca si dovranno ricongiungere i dati provenienti da diverse tabelle per produrre i risultati desiderati.

Soltanto in casi eccezionali, ovvero quando sono richieste elevate prestazioni nei tempi di ricerca e i dati ridondanti non sono soggetti a modifiche, potrebbe risultare vantaggioso rinunciare a qualche grado di normalizzazione.

Ad esempio, se nella tabella degli ordini si mette anche il numero di telefono del cliente, contravvenendo alla 3FN, potrei avere prestazioni migliori quando si cerca il numero di telefono del cliente che ha effettuato un determinato ordine.

Comunque, se la progettazione concettuale del database mediante il modello E/R è effettuata avendo cura di considerare come entità gli oggetti/persone del mondo reale, evitando gli attributi multivalore, con il mapping si ottengono tabelle che sono già normalizzate.
A questo punto si tratta di effettuare semplicemente una **verifica di normalizzazione**.
Se invece nello schema E/R vengono messe entità ibride, come "Ordine con cliente", si avranno sicuramente situazioni di ridondanza che dovranno essere risolte in fase di progettazione logica del database.

Esercizi di Normalizzazione

Si dovranno

- individuare la chiave primaria
- individuare e scrivere le dipendenze funzionali
- individuare le eventuali violazioni della 2^ e 3^ forme normale
- normalizzare in 3FN

1) La tabella Pagelle di un Istituto Superiore contiene le informazioni anagrafiche degli studenti e i voti conseguiti nelle materie

Pagelle

A.S.	Matricola	Cognome	Nome	DataNascita	Classe	Voti	Esito
21/22	123	Rossi	Mario	2004-02-21	4AI	ITA 8, MAT 7, INGL 6, INF 8, TEL 7	Promosso
22/23	123	Rossi	Mario	2004-02-21	5AI	ITA 8, MAT 8 INGL 7, INF 9 GP 10	Promosso
21/22	124	Bianchi	Lina	2004-03-03	4AM	ITA 8, MAT 4, INGL 4, MEC 6, DIS 6	Bocciato
22/23	124	Bianchi	Lina	2004-03-03	4AM	ITA 8, MAT 6 INGL 6, MEC 7 DIS 8	Promosso

2) La tabella Anagrafica contiene informazioni sui dipendenti di un'azienda

Anagrafica

Cognome	Nome	Matricola	DataNascita	Indirizzo	Codice Reparto	Nome Reparto	Matricola Capo Reparto	Stipendio	Forma-zione Effettuata
Rossi	Mario	1	2000-01-02	Resana	A1	Assemblaggio	2	1000	SICUREZZA, LINEA1, LINEA2
Bianchi	Lina	2	1980-12-12	Treviso	A1	Assemblaggio	2	3000	GDPR, SICUREZZA, SCM
Verdi	Bepi	3	1998-01-03	Vallà	A2	Vendite	3	2500	SICUREZZA, SALES

Esercizio Tema d'esame del 2015

III Si consideri la seguente tabella:

Cognome	Nome	Telefono	Livello	Tutor	Tel-tutor	Anticipo versato
Verdi	Luisa	345698741	avanzato	Bianca	334563215	100
Neri	Enrico	348523698	avanzato	Carlo	369852147	150
Rosi	Rosa	347532159	base	Alessio	333214569	120
Bianchi	Paolo	341236547	base	Carlo	369852147	150
Rossi	Mario	349567890	base	Carlo	369852147	90
Neri	Enrico	348523698	complementi	Dina	373564987	100

Il candidato verifichi le proprietà di normalizzazione e proponga uno schema equivalente che rispetti la 3^ Forma Normale, motivando le scelte effettuate.

Svolgimento

La tabella dovrebbe trattare gli studenti che sono iscritti ai vari livelli di un corso, seguiti da un tutor.
Ipotesi: ciascuno studente si iscrive ai diversi livelli del corso una volta sola; pertanto la chiave primaria della tabella è l'identificatore dello studente più l'identificatore del corso: cognome, nome, livello.
Si ipotizza anche che non ci siano casi di omonimia tra gli studenti e nemmeno tra i tutor.
Le dipendenze funzionali individuate sono

Cognome, Nome, Livello → Tutor, Anticipo-versato
Cognome, Nome → Telefono
Tutor → Tel-tutor

La seconda dipendenza è una dipendenza parziale dalla chiave primaria e quindi viola la 2FN, pertanto si crea la tabella degli studenti

Studenti (**Cognome, Nome**, Telefono)

La terza dipendenza è una dipendenza transitiva e viola la 3FN, pertanto si crea la tabella Tutor

Tutor (**Tutor**, Tel-tutor)

Dalla tabella di partenza vengono eliminati i campi Telefono e Tel-tutor

Iscrizioni (**Cognome, Nome, Livello**, Tutor, Anticipo-versato)

6. Interrogazione di un database

Il linguaggio SQL consente di esprimere in modo dichiarativo le query, ovvero le interrogazioni su un database.

La sintassi per esprimere una query è la seguente

SELECT elenco campi
FROM tabella
WHERE condizione
ORDER BY elenco campi

 Il risultato di una query è sempre una tabella di dati.

Le query più semplici interrogano una singola tabella e consentono di filtrare le righe esprimendo una condizione sui valori dei campi di interesse.

Si possono usare gli operatori di confronto (= <> > >= < <=) e gli operatori logici NOT AND OR.

Ad esempio, dato il database della scuola con le Classi e gli Studenti

Classi

Classe (PK)	Specializza-zione	Aula
4BI	Informatica	23
5BI	Informatica	34
5AM	Meccanica	28

Studenti

Matricola (PK)	Nome	Classe
1	Rossi Mario	4BI
2	Gialli Luca	5BI
3	Verdi Gino	5BI

1   ∞

1) Si vogliono ottenere tutti i dati degli studenti della classe 5BI

SELECT *   (si legge SELECT ALL)
FROM Studenti
WHERE Classe = "5BI"
ORDER BY Matricola

Si ottiene una tabella con tutte le colonne della tabella Studenti e le sole righe che soddisfano il criterio espresso dalla clausola WHERE

Matricola	Nome	Classe
2	Gialli Luca	5BI
3	Verdi Gino	5BI

Il linguaggio non è case sensitive, si può andare a capo come si vuole e il confronto con i valori di tipo testo è anch'esso case insensitive, purché si sia specificato come "collation" una codifica dei caratteri "ci".

2) Si vogliono ottenere tutti i nomi degli studenti di una classe quinta

SELECT Nome
FROM Studenti
WHERE Classe LIKE "5%"

Si ottiene

Nome
Gialli Luca
Verdi Gino

L'operatore di confronto LIKE consente di ampliare la condizione di ricerca, grazie all'utilizzo di caratteri jolli:

    % indica una qualsiasi sequenza di 0 o più caratteri qualsiasi
    _ indica un singolo carattere qualsiasi

Per esempio, per esprimere i nomi che contengono una lettera "a" si scrive Nome LIKE "%a%", per esprimere i nomi come KATIA, KATJA, KATYA si scrive Nome LIKE "KAT_A".

3) Si vogliono i dati dello studente di matricola = 2

SELECT *
FROM Studenti
WHERE Matricola = 2

Si ottiene la seguente tabella

Matricola	Nome	Classe
2	Gialli Luca	5BI

4) Per sapere quali specializzazioni ci sono nella tabella Classi, si scrive

SELECT DISTINCT Specializzazione
FROM Classi
ORDER BY Specializzazione

Si ottiene una tabella con tutte righe "distinte", ovvero senza ripetizioni

Specializzazione
Informatica
Meccanica

5) Si vogliono i dati degli studenti con matricola compresa tra 1 e 3

SELECT *
FROM Studenti
WHERE Matricola >= 1 AND Matricola <= 3

che equivale a scrivere

SELECT *
FROM Studenti
WHERE Matricola BETWEEN 1 AND 3

Si ottiene la seguente tabella

Matricola	Nome	Classe
1	Rossi Mario	4BI
2	Gialli Luca	5BI
3	Verdi Gino	5BI

6) Si vogliono le classi della specializzazione informatica più quelle della specializzazione meccanica

SELECT *
FROM Classi
WHERE Specializzazione = "Informatica" OR Specializzazione = "Meccanica"

che equivale a scrivere

SELECT *
FROM Classi
WHERE Specializzazione IN ("Informatica", "Meccanica")

dove l'operatore IN verifica l'appartenenza ad un insieme di valori.
Si ottiene

Classe	Specializzazione	Aula
4BI	Informatica	23
5BI	Informatica	34
5AM	Meccanica	28

Con i campi di **tipo DATE**, le query richiedono spesso di utilizzare funzioni apposite che purtroppo non sono standard.

Le date possono essere viste come stringhe di caratteri e quindi si può sfruttare l'operatore LIKE.

Data la seguente tabella Impiegati

Impiegati

Matricola	Cognome	Nome	DataNascita
1	Rossi	Mario	2000-01-02
2	Bianchi	Lina	1980-12-12
3	Verdi	Bepi	1998-01-03

7) Si vogliono i dati degli impiegati nati il 2 gennaio 2000

SELECT *
FROM Impiegati
WHERE DataNascita = "2000-01-02"
Si ottiene

Matricola	Cognome	Nome	DataNascita
1	Rossi	Mario	2000-01-02

8) Si vogliono i dati degli impiegati nati entro il 31/12/1999

SELECT *
FROM Impiegati
WHERE DataNascita <= "1999-12-31"

Si ottiene

Matricola	Cognome	Nome	DataNascita
2	Bianchi	Lina	1980-12-12
3	Verdi	Bepi	1998-01-03

☞ Notare che per le date espresse in formato ANSI, ovvero ANNO-MESE-GIORNO, si ha che l'ordine lessicografico coincide con l'ordine temporale.

9) Si vogliono i dati degli impiegati nati nell'anno 2000

SELECT Cognome, Nome, DataNascita
FROM Impiegati
WHERE DataNascita BETWEEN "2000-01-01" AND "2000-12-31"

che in MySQL può essere espressa anche utilizzando la funzione Year()

SELECT Cognome, Nome, DataNascita
FROM Impiegati
WHERE Year(DataNascita) = 2000

oppure

SELECT Cognome, Nome, DataNascita
FROM Impiegati
WHERE DataNascita LIKE "2000-%-%"
Si ottiene

Cognome	Nome	DataNascita
Rossi	Mario	2000-01-02

Quando un campo è vuoto, si dice che ha valore **NULL**.

NULL significa assenza di valore. NULL è diverso da 0 e anche dalla stringa vuota "".
Per verificare se un campo è NULL si imposta la condizione
   WHERE campo IS NULL
invece per verificare la presenza di un valore si scrive
   WHERE campo IS NOT NULL

Funzioni per le date di MySQL

Alcune delle funzioni per il trattamento delle date di MySQL sono le seguenti

Funzione	Risultato
NOW()	AAAA-MM-GG HH:MM:SS
CURDATE()	AAAA-MM-GG
CURTIME()	HH:MM:SS
DATEDIFF(data1, data2)	Giorni tra le due date
YEAR(data)	L'anno
MONTH(data)	Il mese
DAY(data)	Il giorno del mese

HOUR(orario)	L'ora
MINUTE(orario)	I minuti
SECOND(orario)	I secondi
WEEKDAY(data)	Il giorno della settimana

10) Di ciascun impiegato si vogliono sapere i giorni di vita

SELECT Matricola, CURDATE(), DATEDIFF(CURDATE(), DataNascita) AS GiorniDiVita
FROM Impiegati

Matricola	CURDATE()	GiorniDiVita
1	2023-03-15	8473
2	2023-03-15	15433
3	2023-03-15	9202

Notare l'uso dell'ALIAS "AS GiorniDiVita" per assegnare un nome leggibile alla colonna.

11) Si vogliono ottenere gli studenti delle classi della specializzazione informatica.

Per rispondere a questa query, si devono interrogare entrambe le tabelle Classi e Studenti.

Innanzitutto si devono ricongiungere (operazione di JOIN) le righe delle due tabelle in modo da ottenere una grande tabella con tutte le possibili coppie formate da una classe e da un suo studente.

Classi. Classe	Classi. Specializza-zione	Classi. Aula	Studenti. Matricola	Studenti. Nome	Studenti. Classe
4BI	Informatica	23	1	Rossi Mario	4BI
5BI	Informatica	34	2	Gialli Luca	5BI
5BI	Informatica	34	3	Verdi Gino	5BI

Tabella risultante dal JOIN tra Classi e Studenti

e poi applicare il filtro sulla specializzazione Informatica

SELECT *
FROM Classi INNER JOIN Studenti ON Classi.Classe = Studenti.Classe
WHERE Classi.Specializzazione = "Informatica"

In questo caso il risultato della query coincide con la suddetta tabella (risultante dal JOIN).

Si noti che è necessario dichiarare con la clausola ON la condizione di accoppiamento delle Classi con gli Studenti (condizione di JOIN) e che nella tabella risultante entrano solo le Classi e gli Studenti che risulta possibile accoppiare. In particolare, la classe 5AM, non avendo studenti, non entra nel risultato.

Tipi di Join

L'operazione di JOIN consente di ricongiungere i dati di due tabelle.

Essa produce come risultato una tabella con tutte le colonne delle due tabelle coinvolte nell'operazione e con le righe ottenute abbinando le righe delle due tabelle in base alla condizione che viene espressa nella query.

Poichè il modello relazionale prevede la scomposizione dei dati del database in molteplici tabelle collegate tra di loro, l'operazione di JOIN risulta fondamentale per poter recuperare i dati situati in tabelle diverse.

Per illustrare l'operazione di JOIN si considerino le tabelle Squadre e Giocatori.

Squadre

Id (PK)	Nome	Città
1	Treviso	Treviso
2	Padova	Padova
3	Virtus	Treviso

Giocatori

Id (PK)	Nome	IdSquadra (FK)
101	Rossi	1
102	Verdi	1
103	Gialli	2
104	Neri	(NULL)

- INNER JOIN

L'operazione maggiormente utilizzata è l'INNER JOIN che consente di abbinare le righe di due tabelle sulla base dell'uguaglianza di valore. Tipicamente si pone come condizione l'uguaglianza tra il valore della chiave esterna e quello della chiave primaria corrispondente.

Squadre INNER JOIN Giocatori ON Squadre.Id = Giocatori.IdSquadra

Si ottiene la seguente tabella

Squadre.Id	Squadre.Nome	Squadre.Città	Giocatori.Id	Giocatori.Nome	Giocatori.IdSquadra
1	Treviso	Treviso	101	Rossi	1
1	Treviso	Treviso	102	Verdi	1
2	Padova	Padova	103	Gialli	2

I nomi delle colonne sono i nomi dei campi delle due tabelle considerate, preceduti dal nome della tabella di provenienza, con un punto di separazione.

Per riempire la tabella si inizia dalla squadra 1 e la si abbina con i suoi giocatori, poi si passa alla squadra 2 e così via.

Si noti che nella tabella risultante non entrano le squadre senza giocatori e nemmeno i giocatori privi di squadra.

- LEFT JOIN

Il LEFT JOIN (o LEFT OUTER JOIN) mette nel risultato **tutte** le righe della tabella di sinistra (Left) sia che abbiano o meno delle righe corrispondenti nell'altra tabella.

Squadre LEFT JOIN Giocatori ON Squadre.Id = Giocatori.IdSquadra

Si ottiene la seguente tabella

Squadre.Id	Squadre.Nome	Squadre.Città	Giocatori.Id	Giocatori.Nome	Giocatori.IdSquadra
1	Treviso	Treviso	101	Rossi	1
1	Treviso	Treviso	102	Verdi	1
2	Padova	Padova	103	Gialli	2
3	Virtus	Treviso	(NULL)	(NULL)	(NULL)

Si noti che la tabella risultante corrisponde a quella ottenuta dall'Inner Join con l'aggiunta delle squadre che non hanno giocatori.
Queste ultime hanno valori NULL come dati del giocatore.

- RIGHT JOIN

Il RIGHT JOIN agisce nello stesso modo del Left Join, con la differenza che prende tutte le righe della tabella di destra (Right) anzichè quella di sinistra.

Squadre RIGHT JOIN Giocatori ON Squadre.Id = Giocatori.IdSquadra

Si ottiene la seguente tabella

Squadre.Id	Squadre.Nome	Squadre.Città	Giocatori.Id	Giocatori.Nome	Giocatori.IdSquadra
1	Treviso	Treviso	101	Rossi	1
1	Treviso	Treviso	102	Verdi	1
2	Padova	Padova	103	Gialli	2
(NULL)	(NULL)	(NULL)	104	Neri	(NULL)

Si noti che la tabella risultante corrisponde a quella ottenuta dall'Inner Join con l'aggiunta dei giocatori che non hanno una squadra.

Costoro hanno valori NULL come dati della squadra.

Si noti che

Squadre RIGHT JOIN Giocatori ON Squadre.Id = Giocatori.IdSquadra
equivale a

Giocatori LEFT JOIN Squadre ON Giocatori.IdSquadra = Squadre.Id

- FULL OUTER JOIN

Il FULL OUTER JOIN corrisponde all'unione insiemistica del risultato del Left Join con quello del Right Join.

In pratica si ottengono tutte le squadre e tutti i giocatori, con i loro opportuni abbinamenti.

Squadre FULL OUTER JOIN Giocatori ON Squadre.Id = Giocatori.IdSquadra

Si ottiene la seguente tabella

Squadre.Id	Squadre.Nome	Squadre.Città	Giocatori.Id	Giocatori.Nome	Giocatori.IdSquadra
1	Treviso	Treviso	101	Rossi	1
1	Treviso	Treviso	102	Verdi	1

2	Padova	Padova	103	Gialli	2
3	Virtus	Treviso	(NULL)	(NULL)	(NULL)
(NULL)	(NULL)	(NULL)	104	Neri	(NULL)

Non tutti i DBMS implementano l'operazione di FULL OUTER JOIN e quindi, per ottenere il medesimo risultato, si può effettuare l'unione insiemistica del LEFT JOIN e del RIGHT JOIN.

Squadre LEFT JOIN Giocatori ON Squadre.Id = Giocatori.IdSquadra
UNION
Squadre RIGHT JOIN Giocatori ON Squadre.Id = Giocatori.IdSquadra

- NATURAL JOIN

Il NATURAL JOIN corrisponde all'Inner Join dove la condizione di abbinamento delle righe risulta implicitamente impostata all'uguaglianza di **tutti** i campi che hanno lo stesso nome nelle due tabelle.

In pratica non è facile avere la possibilità di utilizzare il Natural Join, perché risulta difficile assegnare adeguatamente alle tabelle i nomi dei campi in modo che soltanto le chiavi esterne abbiano nomi uguali alle corrispondenti chiavi primarie.

Nel caso dell'esempio considerato, si dovrebbero rinominare i campi.

Squadre

IdSquadra (PK)	NomeSquadra	Città
1	Treviso	Treviso
2	Padova	Padova
3	Virtus	Treviso

Giocatori

IdGiocatore (PK)	NomeGiocatore	IdSquadra (FK)
101	Rossi	1

102	Verdi	1
103	Gialli	2
104	Neri	(NULL)

Ora si può effettuare l'operazione di join

Squadre NATURAL JOIN Giocatori

Si ottiene la seguente tabella

Squadre.IdSquadra	Squadre.NomeSquadra	Squadre.Città	Giocatori.IdGiocatore	Giocatori.NomeGiocatore	Giocatori.IdSquadra
1	Treviso	Treviso	101	Rossi	1
1	Treviso	Treviso	102	Verdi	1
2	Padova	Padova	103	Gialli	2

- THETA JOIN

Il THETA JOIN consiste in una operazione di join dove la condizione utilizzata per abbinare le righe utilizza una qualsiasi operatore di confronto > >= < <= <>

Si consideri la seguente tabella Squadre

Squadre

Id (PK)	Nome	Città	Punti
1	Treviso	Treviso	20
2	Padova	Padova	18
3	Virtus	Treviso	18

Se si volesse recuperare la squadra che ha il maggior numero di punti, o meglio, tutte le squadre che a parità di punti sono in testa alla classifica, si potrebbe effettuare il seguente join per abbinare ciascuna squadra con un'altra squadra che ha più punti di lei.

Squadre AS S1 LEFT JOIN Squadre AS S2 ON S1.Punti < S2.Punti

Si noti che si tratta di effettuare un join tra la tabella Squadre e una copia della stessa tabella Squadre.

Per evitare ambiguità è necessario assegnare un ALIAS a ciascuna delle due copie della tabella Squadre.

Si ottiene la seguente tabella

S1. Id	S1. Nome	S1. Città	S1. Punti	S2. Id	S2. Nome	S2. Città	S2. Punti
1	Treviso	Treviso	20	(NULL)	(NULL)	(NULL)	(NULL)
2	Padova	Padova	18	1	Treviso	Treviso	20
3	Virtus	Treviso	18	1	Treviso	Treviso	20

A questo punto, per individuare le squadre il cui punteggio non è superato da nessun'altra squadra, basta prendere le righe dove S2 è NULL

> Attenzione che l'idea di mettere semplicemente le squadre in ordine di punteggio decrescente e poi prendere la prima è concettualmente errata, in quanto non considera la possibilità di avere più squadre a pari merito in testa alla classifica!

Se, invece, si volessero individuare le squadre che sono le uniche squadre della loro città si potrebbe fare innanzitutto un join per accoppiare le squadre che sono della stessa città

Squadre AS S1 LEFT JOIN Squadre AS S2 ON S1.Id <> S2.Id AND S1.Città = S2.Città

Si ottiene la seguente tabella

S1. Id	S1. Nome	S1. Città	S1. Punti	S2. Id	S2. Nome	S2. Città	S2. Punti
1	Treviso	Treviso	20	3	Virtus	Treviso	18
2	Padova	Padova	18	(NULL)	(NULL)	(NULL)	(NULL)
3	Virtus	Treviso	18	1	Treviso	Treviso	20

A questo punto per estrarre le squadre che sono le uniche nella loro città basta individuare quelle dove S2 è NULL, mentre per estrarre le squadre che non sono uniche nella loro città basta individuare le altre, ovvero quelle dove S2 NON è NULL.

ESERCIZIO (non svolto) Studenti da premiare

Il dirigente scolastico vuole premiare gli studenti che hanno il voto più alto di tutta la scuola. Impostare la query.

Studenti

Matricola (PK)	Nome	Classe	Voto
101	Rossi	5A	9.4
102	Bianchi	5A	9.2
103	Verdi	5B	9.4

- SELF JOIN

Il SELF JOIN è un INNER JOIN effettuato tra due copie della stessa tabella.
Esempio: la seguente tabella riporta la gerarchia dei dipendenti di una azienda

Dipendenti

Id (PK)	Nome	IdSuperiore (FK)
1	Alfa	(NULL)
2	Beta	1
3	Gamma	1
4	Omega	2
5	Tau	3

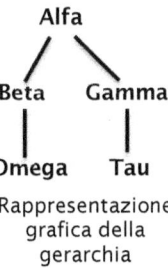

Rappresentazione grafica della gerarchia

Per conoscere i nomi degli impiegati inferiori e dei loro superiori si può fare un join basato sull'uguaglianza tra la chiave esterna dell'inferiore e la chiave primaria del superiore.

Dipendenti AS INF FULL OUTER JOIN Dipendenti AS SUP ON INF.IdSuperiore = SUP.Id

Si ottiene la seguente tabella

INF. Id	INF. Nome	INF. IdSuperiore	SUP. Id	SUP. Nome	SUP. IdSuperiore
1	Alfa	(NULL)	(NULL)	(NULL)	(NULL)
2	Beta	1	1	Alfa	(NULL)
3	Gamma	1	1	Alfa	(NULL)
4	Omega	2	2	Beta	1
5	Tau	3	3	Gamma	1
(NULL)	(NULL)	(NULL)	4	Omega	2
(NULL)	(NULL)	(NULL)	5	Tau	3

Il Full Outer Join consente di avere nella tabella sia il capo di tutti, che non ha nessun impiegato superiore (SUP.Id is NULL), sia gli ultimi della gerarchia, che non hanno nessun inferiore (INF.Id is NULL).

Esercizio

A partire dalla tabella Dipendenti, produrre una tabella che mostri la gerarchia degli impiegati, su 3 livelli, del tipo

Liv1	Liv2	Liv3
Alfa	Beta	Omega
Alfa	Gamma	Tau

Soluzione

Si comincia a fare un LEFT JOIN tra i capi e gli eventuali sottoposti

Dipendenti AS Liv1 LEFT JOIN Dipendenti AS Liv2 ON Liv1.Id = Liv2.IdSuperiore

si ottiene la seguente tabella

Liv1.Id	Liv1.Nome	Liv1.IdSuperiore	Liv2.Id	Liv2.Nome	Liv2.IdSuperiore
1	Alfa	(NULL)	2	Beta	1
1	Alfa	(NULL)	3	Gamma	1
2	Beta	1	4	Omega	2
3	Gamma	1	5	Tau	3
4	Omega	2	(NULL)	(NULL)	(NULL)
5	Tau	3	(NULL)	(NULL)	(NULL)

Poi si può aggiungere il terzo livello della gerarchia, con un ulteriore LEFT JOIN

(Dipendenti AS Liv1 LEFT JOIN Dipendenti AS Liv2
ON Liv1.Id = Liv2.IdSuperiore) LEFT JOIN Dipendenti AS Liv3 ON Liv2.Id = Liv3.IdSuperiore

Liv1. Id	Liv1. Nome	Liv1. IdSuperiore	Liv2. Id	Liv2. Nome	Liv2. IdSuperiore	Liv3. Id	Liv3. Nome	Liv3. IdSuperiore
1	Alfa	(NULL)	2	Beta	1	4	Omega	2
1	Alfa	(NULL)	3	Gamma	1	5	Tau	3
2	Beta	1	4	Omega	2	(NULL)	(NULL)	(NULL)
3	Gamma	1	5	Tau	3	(NULL)	(NULL)	(NULL)
4	Omega	2	(NULL)	(NULL)	(NULL)	(NULL)	(NULL)	(NULL)
5	Tau	3	(NULL)	(NULL)	(NULL)	(NULL)	(NULL)	(NULL)

Di tutte queste righe è sufficiente prendere quelle dove nel livello 1 c'è il capo supremo, ovvero quelle dove Liv1.IdSuperiore IS NULL

... WHERE Liv1.IdSuperiore IS NULL

Osservazione: poichè SQL non è in grado di esprimere query ricorsive, è necessario conoscere il numero di livelli della gerarchia per riuscire ad impostare la query.

Navigazione nello schema relazionale

Un database generalmente è costituito da molte tabelle collegate tra loro.

Quando si deve effettuare una query che richiede dati contenuti in tabelle diverse è necessario individuare un percorso che collega tali dati e quindi realizzare una sequenza di JOIN tra le diverse tabelle coinvolte.

Ad esempio, dato il database di un ospedale che tiene traccia dei pazienti attualmente ricoverati e delle visite effettuate dai medici dei diversi reparti.

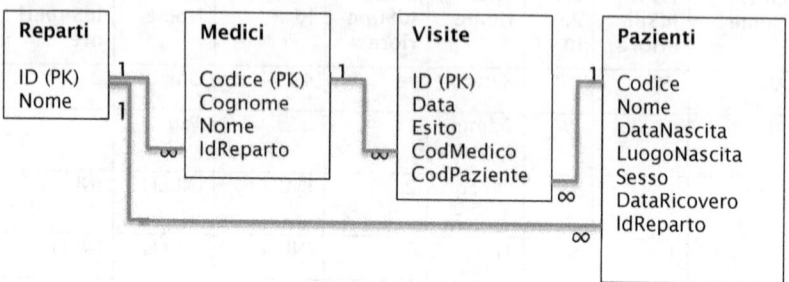

si chiede di scrivere una query per sapere quali visite ha fatto oggi il Dott. House ai pazienti ricoverati nel reparto di Medicina.

Procedimento

Innanzitutto si evidenziano sullo schema relazionale i dati coinvolti nella query:

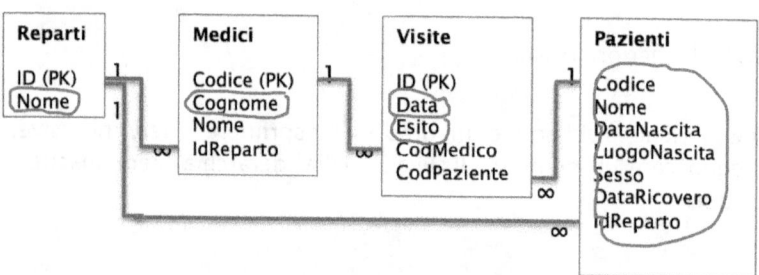

Poi si traccia un percorso di navigazione che esprime la logica dell'interrogazione.

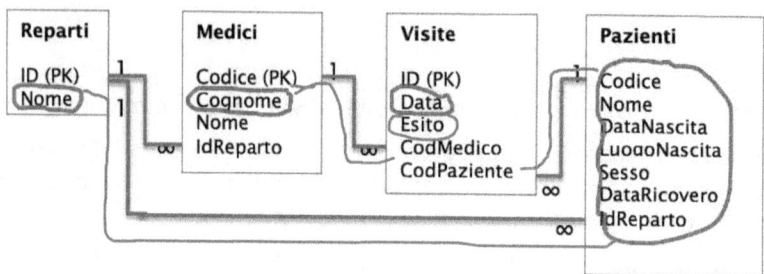

A questo punto si può scrivere la query

SELECT Pazienti.*, Visite.Esito
FROM ((Medici INNER JOIN Visite ON Medici.Codice = Visite.CodMedico)
   INNER JOIN Pazienti ON Visite.CodPaziente = Pazienti.Codice)
   INNER JOIN Reparti ON Pazienti.IdReparto = Reparti.ID
WHERE Medici.Cognome = "House" AND Data = CURDATE() AND Reparti.Nome = "Medicina"

Osservazione: poichè l'operazione di INNER JOIN è **commutativa** e **associativa**, non ha importanza da dove si inizia ad effettuare la sequenza di JOIN, l'importante è procedere con un qualche ordine per non dimenticarsi nessun passaggio!

Query di sintesi

In alcune situazioni è necessario produrre delle sintesi dei dati del database, come ad esempio calcolare il valore minimo, quello massimo, la somma dei valori, la media aritmetica dei valori, il conteggio dei valori.

Per queste esigenze ci sono le **funzioni di sintesi** MIN(), MAX(), SUM(), AVG() e COUNT().

I software gestionali vengono integrati con moduli di "Business Intelligence" che calcolano sintesi di questo tipo sui diversi dati aziendali e mostrano i risultati in forma grafica su appositi "cruscotti" (dashboard).

Ad esempio, data la seguente tabella degli studenti

Studenti

Matricola (PK)	Nome	Classe	Voto
1	Alberto	5A	9
2	Bianca	5A	3
3	Carlo	5B	6
4	Dario	5B	8
5	Elena	5B	9

Si vuole calcolare il voto minimo, il voto massimo e la media dei voti degli studenti della classe 5B

SELECT MIN(Voto), MAX(Voto), AVG(Voto) AS Media
FROM Studenti
WHERE Classe = "5B"

Si ottiene la seguente tabella

MIN(Voto)	MAX(Voto)	Media
6	9	7.66

 Nel calcolo della media (funzione AVG) i valori NULL vengono ignorati.

La funzione COUNT() può essere usata in tre diversi modi:

- COUNT(*) conta tutte le righe
- COUNT(campo) conta i valori NON NULL del campo indicato
- COUNT(DISTINCT campo) conta i valori distinti del campo

La query per contare le diverse classi degli studenti è la seguente

SELECT COUNT(*) AS NumeroStudenti, COUNT(DISTINCT Classe) AS NumeroClassi
FROM Studenti

Si ottiene

NumeroStudenti	NumeroClassi
5	2

Calcolo della Varianza

Il calcolo della media aritmetica di un insieme di valori è utile come indicatore di riferimento, ma per fornire una informazione completa, si dovrebbe poter calcolare anche un indicatore di variabilità dei valori.

Ad esempio, non è lo stesso avere i seguenti voti scolastici 6, 6, 5, 7 oppure i seguenti 2, 4, 8, 10 che pur hanno la stessa media.

Si ha per entrambi i casi AVG(voto) = 6

Si potrebbe allora calcolarne anche la **varianza**.

Non essendoci una funzione standard nel linguaggio SQL per il calcolo della varianza, la si può ottenere con il seguente calcolo:

VAR(voto) = AVG(voto * voto) - AVG(voto) * AVG(voto)

Nel 1° caso si ha (36 + 36 + 25 + 49) / 4 - 6 * 6 = 36.5 - 36 = 0.5

Nel 2° caso si ha (4 + 16 + 64 + 100) / 4 - 6 * 6 = 46 - 36 = 10

Si ricorda che varianza = 0 significa che tutti i valori sono uguali e che più grande è il valore della varianza e maggiore è la variabilità degli stessi.

ESERCIZIO Query sul PRA

Il PRA (Pubblico Registro Automobilistico) ha un database con le auto immatricolate, i passaggi di proprietà e i rispettivi proprietari.

Lo schema E/R è il seguente

Le corrispondenti tabelle sono

Automobili (**Targa**, Modello)
Passaggi (**ID**, Data, Targa)
Intestazioni (**IDPassaggio, CodiceFiscale**)
Proprietari (**CodiceFiscale**, Nome)

Si noti che nel database vi è tutto lo storico dei passaggi di proprietà.
Ad esempio, i dati potrebbero essere i seguenti

Automobili

Targa (PK)	Modello
AD123	Fiat Panda

Passaggi

ID (PK)	Data	Targa
1	10/10/2019	AD123
2	12/12/2021	AD123

Intestazioni

IDPassaggio (PK)	CodiceFiscale (PK)
1	XXX
2	AAA
2	ZZZ

Proprietari

CodiceFiscale (PK)	Nome
AAA	Rossi Mario
XXX	Bianchi Gino
ZZZ	Verdi Amedeo

Formulare in SQL la query per ottenere i dati dei proprietari attuali dell'auto con targa AD123.

SELECT *
FROM ((Proprietari INNER JOIN Intestazioni ON Proprietari.CodiceFiscale = Intestazioni.CodiceFiscale)
   INNER JOIN Passaggi AS P1 ON Intestazioni.IdPassaggio = P1.Id)
   LEFT JOIN Passaggi AS P2 ON P1.Id = P2.Id AND P1.Data < P2.Data
WHERE P1.Targa = "AD123"

Si ottiene

Proprietari. CodiceFiscale	Proprietari. Nome	Intestazioni. IdPassaggio	Intestazioni. CodiceFiscale	P1. Id	P1. Data	P1. Targa	P2. Id	P2. Data	P2. Targa
XXX	Rossi Mario	1	XXX	1	10/10/2019	AD123	2	12/12/2021	AD123
AAA	Bianchi Gino	2	AAA	2	12/12/2021	AD123	(NULL)	(NULL)	(NULL)
ZZZ	Verdi Amedeo	2	ZZZ	2	12/12/2021	AD123	(NULL)	(NULL)	(NULL)

Nella tabella soprastante sono state accoppiati i passaggi di proprietà P1 con eventuale altro passaggio di proprietà P2 riguardante la medesima automobile e avvenuto in una data successiva.

In questo modo per individuare l'ultimo passaggio di proprietà si devono considerare solo le righe dove P2.Id IS NULL

Pertanto la query completa è la seguente

SELECT Proprietari.*
FROM ((Proprietari INNER JOIN Intestazioni ON Proprietari.CodiceFiscale = Intestazioni.CodiceFiscale) INNER JOIN Passaggi AS P1 ON Intestazioni.IdPassaggio = P1.Id) LEFT JOIN Passaggi AS P2 ON P1.Id = P2.Id AND P1.Data < P2.Data
WHERE P1.Targa = "AD123" AND P2.Id IS NULL

e si ottiene

Proprietari.CodiceFiscale	Proprietari.Nome
AAA	Bianchi Gino
ZZZ	Verdi Amedeo

Seconda versione

Se conoscessi la data dell'ultimo passaggio di proprietà dell'auto AD123, la query risulterebbe più semplice

SELECT Proprietari.*
FROM (Proprietari INNER JOIN Intestazioni ON Proprietari.CodiceFiscale = Intestazioni.CodiceFiscale) INNER JOIN Passaggi ON Intestazioni.IdPassaggio = Passaggi.Id
WHERE Passaggi.Targa = "AD123" AND Passaggi.Data = **"12/12/2021"**

Ora, si può sostituire il suddetto valore della data (che era supposto noto) con la seguente query che consente di ricavare tale valore
SELECT MAX(Data)
FROM Passaggi
WHERE Targa = "AD123"

In definitiva la query diventa una "query composta"

SELECT Proprietari.*

FROM (Proprietari INNER JOIN Intestazioni ON Proprietari.CodiceFiscale = Intestazioni.CodiceFiscale)

INNER JOIN Passaggi ON Intestazioni.IdPassaggio = Passaggi.Id

WHERE Passaggi.Targa = "AD123" AND
      Passaggi.Data = **(**SELECT MAX(Data)
           FROM Passaggi
           WHERE Targa = "AD123"**)**

Query con Raggruppamenti

Si possono ottenere delle sintesi applicate ai dati raggruppati in base al valore di uno o più campi.
La struttura di una query di questo tipo è la seguente:

SELECT Campo1, AVG(Campo2)
FROM Tabella
WHERE condizione   ← condizione sulle righe
GROUP BY Campo1
HAVING AVG(Campo2) > 6   ← condizione sui gruppi
ORDER BY Campo1

L'ordine "logico" di esecuzione di una query di questo tipo è il seguente

6) SELECT Campo1, AVG(Campo2)
1) FROM Tabella
2) WHERE condizione
3) GROUP BY Campo1
4) HAVING AVG(Campo2) > 6
5) ORDER BY Campo1

Esempio: dalla tabella squadre si vuole saper per ogni città il numero di squadre

Squadre

ID	Nome	Città
1	milan	Milano
2	inter	Milano
3	juventus	Torino

SELECT Città, COUNT(*) AS NumeroSquadre
FROM Squadre
GROUP BY Città

☞ Attenzione: è necessario che **tutti i campi** presenti nella clausola SELECT siano utilizzati per il raggruppamento (GROUP BY).

In questo caso si mostra la Città e si fanno i gruppi in base alla Città.

Per ogni gruppo si ottiene una singola riga di sintesi.

Città	NumeroSquadre
Milano	2
Torino	1

Se si vogliono filtrare le città che hanno più di una squadra, si usa la clausola HAVING, che impone una condizione sui gruppi

SELECT Città, COUNT(*) AS NumeroSquadre
FROM Squadre
GROUP BY Città
HAVING COUNT(*) > 1

Si ottiene la seguente tabella

Città	NumeroSquadre
Milano	2

Query composte

La condizione di una query può essere basata sul risultato di un'altra query, detta subquery.
Si distingue il caso in cui la subquery restituisce un singolo valore dal caso in cui essa restituisce un insieme di valori.
Si considerino le tabelle Classi e Studenti

Tabella Classi

ID	Specializzazione
3B	Informatica
4B	Informatica
5B	Informatica
3A	Meccanica

Tabella Studenti

Matricola	Nome	IdClasse	Voto
101	Rossi Mario	3B	8
102	Bianchi Lino	3B	9
103	Verdi Piero	4B	7

Per ottenere gli studenti delle classi di Informatica, si può scrivere una subquery che fornisce gli ID delle classi di Informatica e poi prendere gli studenti la cui classe appartiene a tale insieme di classi.

SELECT *
FROM Studenti
WHERE IdClasse = ANY (SELECT ID FROM Classi
              WHERE Specializzazione = "Informatica")

che equivale a scrivere

SELECT *
FROM Studenti
WHERE IdClasse IN (SELECT ID FROM Classi
              WHERE Specializzazione = "Informatica")

Per ottenere gli studenti con il voto più alto, si scrive una subquery che fornisce l'elenco dei voti degli studenti e poi si prendono gli studenti il cui voto supera tutti i voti di questo elenco.

SELECT *
FROM Studenti
WHERE Voto >= ALL (SELECT Voto FROM Studenti)

☞ Notare che per effettuare un confronto con un insieme di valori si deve utilizzare un quantificatore: ANY oppure ALL

Per ottenere gli studenti che hanno il voto superiore alla media, si calcola innanzitutto il voto medio e poi si prendono gli studenti il cui voto supera tale valore

```
SELECT *
FROM Studenti
WHERE Voto > (SELECT AVG(Voto) FROM Studenti)
```

Per ottenere gli studenti che appartengono alla stessa classe dello studente di matricola 101 si scrive

```
SELECT *
FROM Studenti
WHERE IdClasse = (SELECT IdClasse FROM Studenti
                  WHERE Matricola = 101)
```

Si consideri ora il database delle prenotazioni di un servizio

Tabella Clienti

ID	Nome
1	A
2	B
3	C
4	D

Tabella Prenotazioni

ID	IdCliente	Data
100	1	01-01-2023
101	1	02-01-2023
102	2	02-01-2023
103	1	10-02-2023
104	3	10-02-2023

Query 1) I clienti che hanno prenotato a gennaio

```
SELECT DISTINCT *
FROM Clienti
WHERE ID IN (SELECT IdCliente FROM Prenotazioni
             WHERE Data BETWEEN "2023-01-01" AND "2023-01-31")
```

Risultato

ID	Nome
1	A
2	B

Query 2) Ora invece si vogliono i clienti che NON hanno prenotato a gennaio

Basta negare la condizione della query precedente

```
SELECT DISTINCT *
FROM Clienti
WHERE ID NOT IN (SELECT IdCliente FROM Prenotazioni
                 WHERE Data BETWEEN "2023-01-01" AND "2023-01-31")
```

Infatti, da questa query si ottengono i seguenti clienti

ID	Nome
3	C
4	D

Altri modi di esprimere la query

Con l'operatore di differenza insiemistica (EXCEPT) si prendono tutti i clienti tranne quelli che hanno prenotato a gennaio

```
SELECT *
FROM Clienti
   EXCEPT
SELECT *
FROM Clienti
WHERE ID IN (SELECT IdCliente FROM Prenotazioni
             WHERE Data BETWEEN "2023-01-01" AND "2023-01-31")
```

Con la clausola EXISTS e una **subquery correlata**, si prendono i clienti per i quali non esiste una prenotazione a gennaio
```
SELECT *
FROM Clienti AS C1
WHERE NOT EXISTS (SELECT *
                  FROM Prenotazioni AS P1
                  WHERE Data BETWEEN "2023-01-01" AND "2023-01-31"
                  AND C1.ID = P1.IdCliente)
```

Si noti che l'esecuzione di questa query prevede concettualmente che, per ogni cliente, si vada ad eseguire la subquery, ovvero si vada a verificare che non esistano prenotazioni a gennaio del cliente considerato (è proprio questo riferimento al cliente della query esterna che realizza la "correlazione" tra la query interna e quella esterna).
A scanso di possibili equivoci ed ambiguità, è sempre opportuno associare un ALIAS alle tabelle coinvolte nella query.

Con un LEFT JOIN tra i clienti e le prenotazioni di gennaio

SELECT Clienti.*
FROM Clienti LEFT JOIN (SELECT * FROM Prenotazioni
            WHERE Data BETWEEN "2023-01-01"
            AND "2023-01-31") AS PrenotazioniGennaio
      ON Clienti.ID = PrenotazioniGennaio.IdCliente
WHERE Data IS NULL

La tabella risultante dal LEFT JOIN, da cui vengono selezionate le righe con Data NULL ,è la seguente

Clienti.ID	Nome	Prenotazioni.ID	IdCliente	Data
1	A	100	1	01-01-2023
1	A	101	1	02-01-2023
2	B	102	2	02-01-2023
3	C	NULL	NULL	NULL
4	D	NULL	NULL	NULL

Notare che con un LEFT JOIN tra i clienti e tutte le prenotazioni e la condizione WHERE che considera solo le prenotazioni che non sono di gennaio, non si riesce ad ottenere il risultato desiderato in quanto rientrano nel risultato anche i clienti che pur avendo prenotato a gennaio hanno anche delle prenotazioni in altri mesi (come A)

☞ Notare che è possibile effettuare query su tabelle ottenute come risultato di una subquery. E' opportuno assegnare a tali tabelle un nome ALIAS, per poter fare riferimento ai campi delle stesse

SELECT T1.Campo1
FROM (SELECT Campo1, Campo2 FROM Tabella
      WHERE Condizione) AS T1

Il vantaggio è quello di ottenere il risultato desiderato procedendo per passi semplici.

ESERCIZIO Database aziendale

Si consideri ora un database aziendale, su cui fare alcune query

Tabella Dipartimenti

ID	Nome	Città
1	Produzione	Treviso
2	Assemblaggio	Treviso
3	Verniciatura	Padova
4	Magazzino	Padova
5	Amministrazione	Treviso

Tabella Personale

Matricola	IdDipartimento	Nome	Anzianità	Stipendio
13	1	Rossi	3	2000
14	2	Neri	2	2000
15	4	Ariel	10	3000
16	3	Becci	1	1500
17	2	Sandri	18	2500
18	3	Gianni	20	3200
19	3	Tesini	1	1300

1) Le persone che guadagnano più dello stipendio medio

SELECT *
FROM Personale
WHERE Stipendio > (SELECT AVG(Stipendio) FROM Personale)

2) Il dipartimento dove si guadagna di più in media

SELECT Dipartimenti.ID, Dipartimenti.Nome, AVG(Stipendio)
FROM Dipartimenti INNER JOIN Personale
    ON Dipartimenti.ID = Personale.IdDipartimento
GROUP BY Dipartimenti.ID, Dipartimenti.Nome
HAVING AVG(Stipendio) >= ALL (SELECT AVG(Stipendio)
        FROM Dipartimenti INNER JOIN Personale
        ON Dipartimenti.ID = Personale.IdDipartimento
        GROUP BY Dipartimenti.ID)

3) L'anzianità media del dipartimento dove si guadagna di più in media

SELECT Dipartimenti.ID, Dipartimenti.Nome, AVG(Anzianità)
FROM Dipartimenti INNER JOIN Personale
    ON Dipartimenti.ID = Personale.IdDipartimento
GROUP BY Dipartimenti.ID, Dipartimenti.Nome
HAVING AVG(Stipendio) >= ALL (SELECT AVG(Stipendio)

       FROM Dipartimenti INNER JOIN Personale
          ON Dipartimenti.ID = Personale.IdDipartimento
       GROUP BY Dipartimenti.ID)

4) Il totale degli stipendi di ogni città

SELECT Città, SUM(Stipendio)
FROM Dipartimenti INNER JOIN Personale
    ON Dipartimenti.ID = Personale.IdDipartimento
GROUP BY Città

5) I dipartimenti con qualcuno che ha più di 10 anni di anzianità

SELECT *
FROM Dipartimenti AS D1
WHERE EXISTS (SELECT * FROM Personale AS P1
        WHERE Anzianità > 10 AND
        D1.ID = P1.IdDipartimento)

6) I dipartimenti con solo personale giovane (con non più di 10 anni di anzianità)

SELECT *
FROM Dipartimenti AS D1
WHERE NOT EXISTS (SELECT * FROM Personale AS P1
        WHERE Anzianità > 10
        AND D1.ID = P1.IdDipartimento)

oppure

SELECT Dipartimenti.ID, Dipartimenti.Nome
FROM Dipartimenti INNER JOIN Personale
    ON Dipartimenti.ID = Personale.IdDipartimento
GROUP BY Dipartimenti.ID, Dipartimenti.Nome
HAVING MAX(Anzianità) <= 10

ESERCIZIO Squadre

Dalla tabella Squadre si vuole conoscere la città con il maggior numero di squadre

tabella Squadre

id	nome	città
1	milan	Milano
2	inter	Milano
3	juventus	Torino

Soluzione

SELECT città, COUNT(*)
FROM Squadre
GROUP BY città
HAVING COUNT(*) >= ALL (SELECT COUNT(*)
                        FROM Squadre
                        GROUP BY città)

oppure

SELECT città, COUNT(*)
FROM Squadre
GROUP BY città
HAVING COUNT(*) = (SELECT MAX(T.conteggio)
                   FROM (SELECT COUNT(*) AS conteggio
                         FROM Squadre
                         GROUP BY città) AS T)

Approfondimento: logica a 3 valori di SQL

Si vuole chiarire come vengono trattati i valori NULL quando sono coinvolti in una condizione logica.

Si considerino le tabelle Squadre e Giocatori

Squadre

id	nome	città
1	milan	Milano
2	inter	Milano
3	juventus	Torino

Giocatori

id	nome	idSquadra	golFatti
101	rossi	1	10
102	bianchi	2	8
103	verdi	NULL	0
104	bruni	3	12

Si vuole sapere quali giocatori non militano in una squadra di Milano

SELECT *
FROM Giocatori
WHERE idSquadra NOT IN (SELECT id
 FROM SQUADRE
 WHERE città = "milano")

equivale a

SELECT *
FROM GIOCATORI
WHERE idSquadra <> ALL (SELECT id
 FROM SQUADRE
 WHERE città = "milano")

Si ottiene soltanto il giocatore "bruni"

id	nome	idSquadra	golFatti
104	bruni	3	12

Il giocatore "verdi" probabilmente non milita in nessuna squadra oppure non ha ancora indicato la squadra dove milita. Pertanto, "nel dubbio" esso è escluso dal risultato della query.

Tecnicamente la spiegazione di questo risultato è data dal fatto che, nel caso in esame, la condizione da valutare è

idSquadra <> 1 AND idSquadra <> 2

Per valutare una condizione logica che coinvolge valori NULL, SQL applica la cosiddetta **"logica a 3 valori"**, che tratta in modo intuitivo le situazioni di valore ignoto.

La tabella di verità dell'operatore AND è la seguente

AND	V (vero)	F (falso)	? (ignoto)
V (vero)	V	F	?
F (falso)	F	F	F
? (ignoto)	?	F	?

Una query restituisce solo le righe della tabella per le quali la condizione da valutare risulta Vera.

Se invece si voleva recuperare l'elenco dei giocatori delle squadre di Milano, la query sarebbe stata

SELECT *
FROM GIOCATORI
WHERE idSquadra IN (SELECT id
                    FROM SQUADRE
                    WHERE città = "milano")

che equivale a

SELECT *
FROM GIOCATORI
WHERE idSquadra = ANY (SELECT id
                       FROM SQUADRE
                       WHERE città = "milano")

Si ottengono i seguenti giocatori

id	nome	idSquadra	golFatti
101	rossi	1	10
102	bianchi	2	8

Viene ovviamente escluso il giocatore "verdi" in quanto non si è sicuri che militi in una squadra di Milano.

Infatti, la condizione della suddetta query è

idSquadra = 1 OR idSquadra = 2

La tabella di verità dell'operatore OR è la seguente

OR	V (vero)	F (falso)	? (ignoto)
V (vero)	V	V	V
F (falso)	V	F	?
? (ignoto)	V	?	?

Per completezza, si riporta anche la tavola di verità dell'operatore NOT

NOT	
V (vero)	F
F (falso)	V
? (ignoto)	?

Operazioni insiemistiche

Poiché le tabelle sono insiemi di ennuple di valori, le operazioni che si possono fare su questi insiemi devono ovviamente comprendere le classiche operazioni insiemistiche:

- unione (UNION)
- intersezione (INTERSECT)
- differenza (EXCEPT)
- prodotto cartesiano

Ad esempio si abbiano la tabella degli studenti del Barsanti e quella degli studenti del Giorgione

tabella studentiBarsanti

id	nome	comune
1	A	Treviso
2	B	Padova
3	C	Rovigo

tabella studentiGiorgione

matricola	nome	voto	comune
1	A	7	Treviso
8	X	6	Treviso
9	Y	8	Padova

Si vogliono unire gli studenti di queste due tabelle

SELECT id, nome FROM studentiBarsanti
UNION
SELECT matricola, nome FROM studentiGiorgione

Si ottiene la seguente tabella senza doppioni

id	nome
1	A
2	B
3	C
8	X
9	Y

Per poter eseguire l'operazione occorre che ci sia una corrispondenza tra i campi delle due tabelle.
I nomi delle colonne del risultato vengono presi dalla prima tabella.

Se invece si vogliono mantenere i doppioni si usa l'operatore
UNION ALL

Ora si vogliono i numeri complessivi degli studenti per ciascun comune

SELECT T.comune, COUNT(*)
FROM (SELECT comune FROM studentiBarsanti
        UNION ALL
        SELECT comune FROM studentiGiorgione
) AS T
GROUP BY T.comune

si ottiene

comune	COUNT(*)
Treviso	3
Padova	2
Rovigo	1

L'intersezione prende solo le righe in comune.

SELECT id, nome FROM studentiBarsanti
INTERSECT
SELECT matricola, nome FROM studentiGiorgione

id	nome
1	A

La differenza insiemistica consente di escludere alcuni elementi dall'insieme di partenza.
Ad esempio, si vogliono ottenere gli studenti del Giorgione ad esclusione di quelli che hanno un voto inferiore a 7.

SELECT * FROM studentiGiorgione
EXCEPT
SELECT * FROM studentiGiorgione WHERE voto < 7

matricola	nome	voto	comune
1	A	7	Treviso
9	Y	8	Padova

Il prodotto cartesiano incrocia tutti con tutti.

Ad esempio, data la tabella delle squadre, si vogliono ottenere tutte le possibili partite.

tabella squadre

id	nome
1	Inter
2	milan

SELECT squadra1.nome, squadra2.nome
FROM squadre AS squadra1, squadre AS squadra2

squadra1.nome	squadra2.nome
inter	inter
inter	milan
milan	inter
milan	milan

Per evitare che una squadra sia abbinata con se' stessa, si deve aggiungere una condizione WHERE.
Così facendo, il prodotto cartesiano diventa un JOIN

SELECT squadra1.nome, squadra2.nome
FROM squadre AS squadra1, squadre AS squadra2
WHERE squadra1.nome <> squadra2.nome

squadra1.nome	squadra2.nome
inter	milan
milan	inter

VERIFICA su query SQL

Il database dell'Istituto Barsanti per gestire la partecipazione a "scuole aperte" è costituito dalle seguenti tabelle

Alunni (**matricola**, nome, classe, specializzazione)
Partecipazioni (**id**, matricolaAlunno, data, numOre)

Scrivere in SQL le query per ottenere

1) numero totale di alunni di tutte le classi che hanno partecipato, senza duplicare i nomi di alunni che hanno partecipato più volte
2) per ogni classe il numero di alunni distinti che hanno partecipato, in ordine di classe
3) elenco delle classi dove hanno partecipato più di 2 alunni distinti
4) elenco dei compagni di classe dell'alunno di matricola 101 che hanno partecipato (escludendo l'alunno 101 stesso)
5) elenco delle partecipazioni fatte dagli alunni di informatica, in ordine di classe e matricola
6) il numero totale di ore svolte dagli alunni, giorno per giorno

7) di ogni classe si vuole sapere la data dell'ultima partecipazione di un suo alunno
8) si vogliono conoscere le classi che non hanno partecipato a scuole aperte
9) il numero totale di alunni che non hanno partecipato
10) la classe che ha partecipato con il maggior numero di allievi

Soluzione

1) SELECT COUNT(DISTINCT matricolaAlunno)
   FROM Partecipazioni
2) SELECT classe, COUNT(DISTINCT matricola)
   FROM Alunni INNER JOIN Partecipazioni ON matricola = matricolaAlunno
   GROUP BY classe
   ORDER BY classe
3) SELECT classe, COUNT(DISTINCT matricola)
   FROM Alunni INNER JOIN Partecipazioni ON matricola = matricolaAlunno
   GROUP BY classe
   HAVING COUNT(DISTINCT matricola) > 2
   ORDER BY classe
4) SELECT *
   FROM Alunni
   WHERE matricola <> 101 AND classe IN (SELECT classe
                                         FROM Alunni
                                         WHERE matricola = 101)
5) SELECT *
   FROM Alunni INNER JOIN Partecipazioni ON matricola = matricolaAlunno
   WHERE specializzazione = "informatica"
   ORDER BY classe, matricola
6) SELECT data, SUM(numOre)
   FROM Partecipazioni
   GROUP BY data
7) SELECT classe, MAX(data)
   FROM Alunni INNER JOIN Partecipazioni ON matricola = matricolaAlunno
   GROUP BY classe
8) SELECT classe
   FROM Alunni
   WHERE matricola NOT IN (SELECT matricolaAlunno FROM Partecipazioni)
9) SELECT COUNT(*)
   FROM Alunni
   WHERE matricola NOT IN (SELECT matricolaAlunno FROM Partecipazioni)

10) SELECT classe
    FROM Alunni INNER JOIN Partecipazioni ON matricola = matricolaAlunno
    GROUP BY classe
    HAVING COUNT(DISTINCT matricola) >= ALL (
        SELECT COUNT(DISTINCT matricola)
        FROM Alunni INNER JOIN Partecipazioni
            ON matricola = matricolaAlunno
        GROUP BY classe)

Query di Aggiornamento dei dati

SQL prevede i comandi INSERT, UPDATE e DELETE per aggiornare i dati del database.
Sia data la tabella del personale di una azienda

Tabella Personale

Matricola	IdDipartimento	Nome	Anzianità	Stipendio
13	1	Rossi	3	2000
14	2	Neri	2	2000
15	4	Ariel	10	3000
16	3	Becci	1	1500
17	2	Sandri	18	2500
18	3	Gianni	20	3200
19	3	Tesini	1	1300

dove la chiave primaria Matricola è autoincrementante!

Le istruzioni per aggiornare i dati sono le seguenti

- Inserimento di un nuovo dipendente

INSERT INTO Personale(IdDipartimento, Nome, Anzianità, Stipendio)
    VALUES(1, "Jafar", 0, 1000)

L'inserimento in una tabella riguarda un record (unità di registrazione), ovvero una riga di dati, che corrisponde ad una persona o un oggetto del mondo reale. Conviene specificare i nomi dei campi per i quali si fornisce un valore.

Ai campi non specificati verranno assegnati dei valori di default, se previsti, oppure il valore NULL.

☞ Notare che non si deve includere nei valori da inserire quello della chiave primaria autoincrementante. Infatti, tale valore è gestito automaticamente dal DBMS.

- Aggiornamento dei valori dei record già presenti nella tabella

A inizio anno si aumenta l'anzianità e lo stipendio di tutti.

UPDATE Personale
SET Anzianità = Anzianità + 1, Stipendio = Stipendio + 500

Si porta a 4000 lo stipendio di Gianni, che ha matricola 18

UPDATE Personale
SET Stipendio = 4000
WHERE Matricola = 18

- Cancellazione di record

Viene licenziato il dipendente con matricola 19

DELETE FROM Personale
WHERE Matricola = 19

Se si omette la condizione WHERE, vengono eliminati **tutti** i record della tabella.

DELETE FROM Personale

☞ Attenzione che tutte le operazioni di aggiornamento dei dati sono **irreversibili**: non è possibile annullarne gli effetti e ritornare allo stato precedente del database.

Come recuperare dati in caso di operazioni di DELETE e UPDATE accidentali

Uno dei peggiori incubi di un DBA (DataBase Administrator) è quello di perdere dati a causa di un aggiornamento involontario dei dati commesso eseguendo erroneamente comandi di UPDATE e DELETE dimenticandosi della essenziale clausola WHERE.
Così si andrebbero a intaccare, potenzialmente, milioni di record e di conseguenza si comprometterebbe il contenuto del database.

L'unica opzione che si avrebbe è quella di recuperare l'intero database da un backup effettuato prima del danno e con esso ripristinare il contenuto dello stesso.

Purtroppo, questo non basta: se si sono verificati cambiamenti dei dati tra il momento della creazione del backup e l'esecuzione del comando di ripristino, si devono anche rifare manualmente tutte le operazioni di aggiornamento avvenute in questo periodo di tempo!

ESERCIZIO (non svolto) Casa Editrice

Una casa editrice desidera archiviare in un database le informazioni riguardanti gli abbonamenti alle riviste ed ai giornali pubblicati. Per ogni abbonato si richiede di memorizzare i dati anagrafici, per ogni abbonamento la data ed il periodo di validità (trimestrale, semestrale, annuale). Gli abbonati possono avere abbonamenti anche per più pubblicazioni. Di ogni giornale o rivista occorre archiviare il titolo, la periodicità (quotidiano, settimanale, mensile), il prezzo dell'abbonamento e gli argomenti trattati. Inoltre deve essere mantenuto un indice con i titoli dei principali articoli pubblicati ed a ciascun articolo deve essere associata la pubblicazione in cui è comparso.
Si realizzino, fatte le ipotesi aggiuntive del caso:

- lo schema concettuale della realtà di interesse attraverso la produzione del diagramma E/R (scrivendo esplicitamente le conseguenti regole di lettura);
- lo schema logico della realtà di interesse ottenuto attraverso il mapping relazionale del diagramma E/R;

- la verifica della normalizzazione in 3FN delle tabelle ottenute;
- la definizione delle tabelle ottenute al punto precedente in linguaggio SQL, specificando i tipi degli attributi e i vincoli sugli stessi.

Inoltre, si implementino usando il linguaggio SQL, le seguenti interrogazioni:

Q1: Dato il titolo di una pubblicazione, ricercare gli articoli pubblicati in un determinato anno;
Q2: Dato il titolo di una pubblicazione, ricercare gli abbonati annuali; Q3: Dato il nominativo di un abbonato, stabilire a quante riviste è abbonato;
Q4: Dato un argomento, elencare le pubblicazioni in cui è trattato;
Q5: Riportare per ogni pubblicazione il numero di abbonamenti;
Q6: Visualizzare i giornali con almeno 5000 abbonati annuali;
Q7: Dati i titoli di due pubblicazioni, visualizzarne gli abbonati comuni;
Q8: Dato il titolo di una pubblicazione, elencare le pubblicazioni che trattano i suoi stessi argomenti.

ESERCIZIO (non svolto) Fornitura di Video on Demand

Una azienda che fornisce video on demand tramite la rete Internet vuole gestire il proprio servizio commerciale.

- I clienti possono essere abbonati al servizio di streaming oppure pagare solo i contenuti che vedono in modalità "pay per view"
- Gli abbonati sono registrati con codice fiscale, nome, età, titolo di studio e un recapito
- Gli abbonamenti hanno una data di stipula e una data di scadenza
- I contenuti video proposti da questo servizio sono film e serie tv
- Sia i film che le serie tv sono classificati per genere (animazione, avventura, comico, commedia, fantasy, poliziesco, thriller, ecc.)
- Le serie tv hanno un titolo e una stagione e sono costituite da un certo numero di puntate, e hanno l'anno di uscita, un regista e un elenco di attori
- I film disponibili in catalogo sono identificati dal titolo e dal nome del regista; inoltre sono noti l'anno in cui il film è stato girato, la durata e l'elenco degli attori principali del film
- Per ogni film è indicato il costo corrente del pay per view e per ogni serie tv il costo per vederne una puntata
- Alcuni film sono il remake di un altro film, come ad esempio "Lo Squalo" e poi "Lo Squalo 2" e poi "Il ritorno dello Squalo"

- Per finalità di profilazione dei clienti, la base dati tiene traccia dei contenuti visti dai clienti abbonati

In base alle proprie ipotesi formulate, si sviluppino:
1) un'analisi della realtà di riferimento discutendo una soluzione idonea per rispondere alle specifiche indicate
2) lo schema concettuale della base di dati
3) lo schema logico della base di dati, normalizzato in 3FN
4) la definizione in linguaggio SQL di un sottoinsieme delle relazioni della base di dati in cui siano presenti alcune di quelle che contengono vincoli di integrità referenziale e/o vincoli di dominio, laddove presenti
5) le seguenti interrogazioni espresse in linguaggio SQL:

   a) L'elenco dei film con protagonista Tom Cruise
   b) L'età media degli abbonati che hanno visto il film "Top Gun: Maverick"
   c) Per ogni diverso titolo di studio, il numero di abbonamenti attivi (non scaduti)
   d) Quali serie tv hanno avuto il maggior numero di stagioni

7. Automazione del Database

I database non sono soltanto dei depositi di dati strutturati, ma possono anche compiere delle azioni sugli stessi. Si parla anche di "database attivi".
Si possono impostare

- Azioni Referenziali (vedi pag. 49)
- Trigger
- Stored Procedure

TRIGGER

Un trigger consiste in una azione automatica che viene attivata a seguito di una determinata operazione di aggiornamento su una tabella del database.

Si tratta di uno strumento molto utile, ad esempio, per gestire in modo automatico un campo riepilogativo, ovvero un campo che potrebbe essere calcolato dai dati presenti nel database ma che si preferisce memorizzare esplicitamente in una tabella per questioni di efficienza.

Si consideri il conteggio dei posti rimasti ancora disponibili in un volo aereo.

Tabella Voli

ID	PostiTotali	PostiDisponibili
1	100	10
2	100	100

Tabella Prenotazioni

ID	IdVolo	IdCliente
1	1	11
2	1	11
3	1	12
4	1	12

Tabella Clienti

ID	Nome
11	Alfa
12	Beta

Il campo PostiDisponibili indica quanti posti sono ancora disponibili per quel determinato volo aereo, senza bisogno di effettuare il calcolo dei PostiTotali meno il conteggio delle prenotazioni di quel volo.

Ovviamente, tale campo necessita di essere mantenuto aggiornato a seguito di ogni prenotazione effettuata oppure cancellata.

A tal fine si aggiungono al database degli appositi TRIGGER.

Innanzitutto si imposta nella tabella Voli il vincolo sulla non negatività dei posti disponibili: si tratta del vincolo CHECK >= 0.

```
CREATE TABLE Voli
(
   ID int,
   PostiDisponibili int,
   PRIMARY KEY (ID),
   CONSTRAINT controlloposti CHECK (PostiDisponibili >= 0)
) ENGINE=InnoDB
```

Questo è possibile farlo con MySQL a partire dalla versione 8 e con MariaDB a partire dalla versione 10.2.

Tuttavia, se si usa HeidiSQL oppure dBeaver per creare il database e le tabelle, non si può digitare direttamente il suddetto vincolo di valore sul campo postiDisponibili.

Per ovviare a questa limitazione, si deve eseguire il seguente comando di modifica della struttura della tabella

ALTER TABLE Voli
ADD CONSTRAINT controlloposti CHECK (PostiDisponibili >= 0);

Si può verificare l'effetto del suddetto comando scrivendo

SHOW CREATE TABLE Voli

A questo punto si può creare il trigger che scatta automaticamente nel momento in cui si tenta di inserire una nuova prenotazione.

```
CREATE TRIGGER DiminuisciPostiDisponibili
BEFORE INSERT ON Prenotazioni
FOR EACH ROW
BEGIN

UPDATE Voli
SET PostiDisponibili = PostiDisponibili - 1
WHERE ID = NEW.IdVolo;

END
```

Dove con NEW.IdVolo si indica il valore di IdVolo nel nuovo record in fase di inserimento.

Nel caso in cui il tentativo di prenotazione comporti la violazione del vincolo CHECK PostiDisponibili >= 0, viene generato automaticamente dal DBMS un errore di esecuzione che determina il rifiuto dell'inserimento della prenotazione di troppo.

Si deve anche scrivere un trigger che agisce automaticamente a seguito della cancellazione di una prenotazione, per aggiornare automaticamente il numero dei posti disponibili del volo con ID uguale all'IdVolo del record appena cancellato (OLD).

```
CREATE TRIGGER AumentaPostiDisponibili
AFTER DELETE ON Prenotazioni
FOR EACH ROW
BEGIN

UPDATE Voli
SET PostiDisponibili = PostiDisponibili + 1
WHERE id = OLD.IdVolo;

END
```

dove con OLD ci si riferisce al record che è appena stato cancellato.

Nel caso di una modifica del volo prenotato (UPDATE), un trigger aggiornerà automaticamente i posti disponibili dei voli interessati.

```
CREATE TRIGGER ModificaPostiDisponibili
BEFORE UPDATE ON Prenotazioni
FOR EACH ROW
BEGIN

UPDATE Voli
SET PostiDisponibili = PostiDisponibili - 1
WHERE ID = NEW.IdVolo;

UPDATE Voli
SET PostiDisponibili = PostiDisponibili + 1
WHERE ID = OLD.IdVolo;

END
```

con OLD ci si riferisce ai valori prima della modifica e con NEW a quelli che si ottengono dopo la modifica.

Per DBMS che non supportano il vincolo CHECK

Se il DBMS non supporta il vincolo CHECK, come ad esempio MySQL 5.7, si deve scrivere un trigger che si fa carico di effettuare il controllo di valore sui posti disponibili ed eventualmente provocare un errore di esecuzione.

Il seguente trigger, quando si tenta di inserire una nuova prenotazione, legge il numero di posti ancora disponibili nel volo con ID uguale all'IdVolo del nuovo record e se tale valore risulta > 0 si lascia che la prenotazione venga inserita e si aggiornano i posti disponibili, altrimenti si genera un errore run-time, con codice generico 45000 e un opportuno messaggio di errore. L'errore generato causa automaticamente il fallimento dell'inserimento della prenotazione.

```
CREATE TRIGGER DiminuisciPostiDisponibili
BEFORE INSERT ON Prenotazioni
FOR EACH ROW
BEGIN
```

```
DECLARE n INT;

SELECT PostiDisponibili INTO n
FROM Voli
WHERE ID = NEW.IdVolo FOR UPDATE;

IF (n > 0) THEN
UPDATE Voli
SET PostiDisponibili = PostiDisponibili - 1
WHERE ID = NEW.IdVolo;
ELSE
SIGNAL SQLSTATE '45000' SET MESSAGE_TEXT = 'posti esauriti';
END IF;

END

Con NEW ci si riferisce al record che sta per essere inserito.

Notare l'utilizzo dell'istruzione SELECT ... FOR UPDATE per evitare che altri
utenti leggano contemporaneamente lo stesso valore prima di modificarlo
(vedi anche Isolamento delle Transazioni).
```

I trigger usano un linguaggio imperativo che incorpora delle istruzioni SQL. La sintassi non è standard e ogni DBMS usa il proprio linguaggio. MySql usa la sintassi di Oracle (che fa scuola nel mondo dei database).

BEFORE trigger

I BEFORE trigger vengono eseguiti **prima** di effettuare un inserimento o un aggiornamento dei dati. Essi vengono usati per effettuare la validazione dei dati da inserire (INSERT) o aggiornare (UPDATE) oppure per assegnare dei valori di default o modificare alcuni dei valori contenuti nel record inserito dall'utente (NEW): si tratta di azioni da compiere prima di accettare i nuovi dati.

AFTER trigger

Gli AFTER trigger vengono eseguiti **dopo** che un inserimento o una variazione di dati sia stata fatta nel database. Essi vengono usati per aggiornare dati in un'altra tabella o inserire dati in un'altra tabella a seguito di un inserimento (INSERT) o variazione (DELETE, UPDATE) di dati. Essi consentono anche di utilizzare il valore dell'ID autoincrementante attribuito dal DBMS all'ultimo record inserito.

ESERCIZIO Acquario

Il database dell'acquario memorizza per ogni vasca i dati delle rilevazioni dei parametri fisici effettuate da appositi sensori. Per ciascuna vasca ci sono dei limiti di accettabilità per ciascun parametro rilevato.

Le tabelle sono le seguenti.

Tabella Vasche

ID	Nome	Anomalia
1	Alfa	NO
2	Beta	NO

il campo riepilogativo "Anomalia" dice se nell'ultima giornata sono state rilevati dei valori anomali di qualche parametro della vasca.

Tabella Parametri

IDParametro	IDVasca	Min	Max
temperatura	1	23	26
temperatura	2	20	23
ph	1	8	8,4
ph	2	8,3	8,6

la chiave primaria è formata dalla coppia IDParametro e IDVasca.

Tabella Rilevazioni

ID	Data	Valore	IDParametro	IDVasca	Anomalia
1	2023-05-21	30	temperatura	1	SI
2	2023-05-22	25	temperatura	1	NO
3	2023-05-23	25	temperatura	1	NO
4	2023-05-23	8,3	ph	1	NO
5	2023-05-24	8,3	ph	1	NO
7	2023-05-24	30	temperatura	1	SI
8	2023-05-25	8,3	ph	1	NO

I dati di ciascuna rilevazione inseriti dall'utente sono la data, il valore, l'ID del parametro e l'ID della vasca, come ad esempio

2023-05-25	8,3	ph	1

Il valore SI/NO del campo Anomalia viene calcolato verificando se il valore rilevato eccede o meno i limiti minimo e massimo di accettabilità di quel parametro per quella vasca.

Si vogliono scrivere i seguenti trigger:

1) un trigger per calcolare automaticamente il valore del campo Anomalia della tabella Rilevazioni quando si inserisce una nuova rilevazione;
2) un trigger per aggiornare automaticamente il valore del campo riepilogativo Anomalia della tabella Vasche in modo che segnali se nell'ultima giornata ci sono state delle rilevazioni anomale oppure no.

Soluzione

```
1) CREATE TRIGGER ImpostaAnomaliaRilevazione
BEFORE INSERT ON Rilevazioni
FOR EACH ROW
BEGIN
  DECLARE minimo DOUBLE;
  DECLARE massimo DOUBLE;
  SELECT Min, Max INTO minimo, massimo
  FROM Parametri
  WHERE IDVasca = NEW.IDVasca AND
      IDParametro = NEW.IDParametro;
  # assegno il valore al campo Anomalia del nuovo record
  IF (NEW.Valore < minimo OR NEW.Valore > massimo)
  THEN
    SET NEW.Anomalia = "SI";
```

```
    ELSE
      SET NEW.Anomalia = "NO";
    END IF;
END
```

```
2) CREATE TRIGGER AggiornaAnomalieVasca
AFTER INSERT ON Rilevazioni
FOR EACH ROW
BEGIN
  DECLARE n INT;
  SELECT COUNT(*) INTO n    # conta le rilevazioni odierne
  FROM Rilevazioni
  WHERE Data = NEW.Data AND IDVasca = NEW.IDVasca;
  IF (n = 1)         # se è la prima rilevazione di oggi
  THEN               # si resetta il campo Anomalia
    UPDATE Vasche
    SET Anomalia = "NO"
    WHERE ID = NEW.IDVasca;
  END IF;
  IF (NEW.Anomalia = "SI")  # segnala l'anomalia per la vasca
  THEN
    UPDATE Vasche
    SET Anomalia = "SI"
    WHERE ID = NEW.IDVasca;
  END IF;
END
```

Stored Procedure

Per i programmatori risulta molto interessante la possibilità di memorizzare assieme al database anche le procedure di recupero dei dati e quelle di aggiornamento degli stessi.
In questo modo, i diversi programmi applicativi realizzati per i diversi dispositivi e le diverse piattaforme software disponibili dovranno semplicemente chiamare queste procedure per ottenere i risultati desiderati. Di conseguenza il lavoro di sviluppo e di manutenzione dei programmi applicativi

risulta semplificato e abbreviato: si ha il grosso vantaggio di evitare la duplicazione di codice SQL nei diversi applicativi.

Una STORED PROCEDURE contiene una sequenza di istruzioni SQL che vengono eseguite su richiesta, fornendo in input i valori per gli eventuali parametri richiesti.
La sintassi non è standard, anche se quella di Oracle fa scuola per gli altri DBMS. Vengono ora proposti alcuni esempi per MySQL.

Si considera il database "scuola" con le tabelle

Classi (<u>ID</u>, Nome, Specializzazione)
Studenti (<u>Matricola</u>, Cognome, Nome, IdClasse, DataNascita)

La procedura che fornisce una tabella con tutti gli studenti è la seguente

```
CREATE PROCEDURE scuola.TuttiGliStudenti()
BEGIN
   SELECT * FROM Studenti;
END
```

il nome della procedura è costituito dal nome del database seguito da un punto e da un nome descrittivo della stessa.
Per chiamarla si può usare l'istruzione SQL:

```
CALL scuola.TuttiGliStudenti()
```
Si ottiene una tabella come la seguente

#	Matricola	Cognome	Nome	IDclasse	DataNascita
1	101	Rossi	Mario	1	[NULL]
2	102	Verdi	Giuseppe	1	2000-12-30
3	103	Bianchi	Maria	2	2000-01-02
4	104	Gialli	Filippo	1	2000-01-01
5	200	rossi	gianni	1	2023-02-24
6	201	bin	leo	1	2023-02-18
7	202	Bianchi	Nerina	2	2000-01-01

Si può prevedere come parametro in input (IN) l'identificativo della classe, che è di tipo INT

```
CREATE PROCEDURE scuola.StudentiDellaClasse(IN qualeClasse INT)
BEGIN
   SELECT * FROM Studenti WHERE IdClasse = qualeClasse;
```

END

Per chiamarla si può usare l'istruzione SQL

CALL scuola.StudentiDellaClasse(1)

Si ottiene la seguente tabella

	Matricola	Cognome	Nome	IDclasse	DataNascita
1	101	Rossi	Mario	1	{NULL}
2	102	Verdi	Giuseppe	1	2000-12-30
3	104	Gialli	Filippo	1	2000-01-01
4	200	rossi	gianni	1	2023-02-24
5	201	bin	leo	1	2023-02-18

Una procedura che conta gli studenti di una classe è la seguente

CREATE PROCEDURE scuola.ContaStudenti(IN qualeClasse INT)
BEGIN
  SELECT COUNT(*) FROM Studenti
  WHERE IdClasse = qualeClasse;
END

Si ottiene

Una procedura può anche restituire un valore in output, per poterlo comodamente utilizzare in un'altra procedura.

CREATE PROCEDURE scuola.ContaStudenti(IN classe INT, OUT cont INT)
BEGIN
  SELECT COUNT(*) INTO cont FROM Studenti
  WHERE IdClasse = classe;
END

Per richiamarla si devono fornire il parametro in input e una variabile, con la @ davanti al nome, per memorizzare il risultato in output

CALL scuola.ContaStudenti(1, @n);

per vedere il risultato si scrive

SELECT @n

Si ottiene

Infine, ecco una procedura per inserire un nuovo studente

CREATE PROCEDURE scuola.InserisciStudente(IN matricola INT, IN cognome VARCHAR(100), IN nome VARCHAR(100), IN idclasse INT, IN datanascita Date)

BEGIN

INSERT INTO Studenti(Matricola, Cognome, Nome, IdClasse, DataNascita)
VALUES (matricola, cognome, nome, idclasse, datanascita);

END

che si può chiamare in questo modo

CALL scuola.InserisciStudente(204, 'Wolf', 'Toni', 1, '2005-05-23')

☛ Nel caso in cui si ha un ID autoincrementante, è possibile recuperare il valore assegnato automaticamente dal DBMS con l'istruzione

SELECT LAST_INSERT_ID()

ESERCIZI

1) Scrivere una stored procedure per inserire un nuovo volo nella tabella Voli(ID, PostiTotali) con ID chiave primaria autoincrementante.
2) Scrivere una stored procedure che fornisce il numero di posti disponibili di un determinato volo.

Soluzioni

(1) CREATE PROCEDURE voli.InserisciVolo(IN posti INT)
    BEGIN
        INSERT INTO Voli (PostiTotali) VALUES (posti);
    END

Per richiamarla si scrive

SET @postiTotali = 100;
CALL voli.InserisciVolo(@postiTotali)

Notare che è sufficiente fornire in input il numero di posti in quanto l'ID è autoincrementante.

(2) CREATE PROCEDURE voli.PostiTotali(IN volo INT, OUT totale INT)
    BEGIN
        SELECT PostiTotali INTO totale FROM Voli WHERE ID = volo;
    END

Per richiamarla si scrive
CALL voli.ContaPrenotazioni(1, @n);
SELECT @n;

8. Transazioni

Una TRANSAZIONE in un database è una sequenza di operazioni di aggiornamento dei dati.
Non tutti i DBMS supportano le transazioni. Ad esempio MySQL supporta le transazioni solo se si lavora con tabelle InnoDB, mentre non le supporta per le tabelle MyISAM.

I DBMS che gestiscono le transazioni, come InnoDB di MySQL, garantiscono l'osservanza delle importantissime **proprietà ACID** delle transazioni:

- **A = Atomicità**
- **C = Consistenza**
- **I = Isolamento**
- **D = Durabilità (= Persistenza)**

Una singola query di aggiornamento (insert, update, delete) su una tabella del database è considerata di per sé automaticamente come una Transazione.
Anche una query di aggiornamento che attiva un Trigger (o una sequenza di Trigger in cascata) costituisce assieme al Trigger stesso automaticamente una Transazione.

Una Transazione inizia con l'istruzione START TRANSACTION, contiene una sequenza di query e poi termina con COMMIT.
L'istruzione di COMMIT delimita la transazione e informa il DBMS che la transazione è terminata correttamente. A seguito di questa conferma di completamento di tutti gli aggiornamenti il DBMS si impegna a mantenere i dati aggiornati e corretti nel database.

Può anche succedere che, per qualche motivo di errore, la transazione non giunga a completamento e pertanto termini con un ROLLBACK, ovvero i suoi effetti vengano del tutto annullati.
Questo è possibile perché il DBMS mantiene nel proprio "giornale di bordo", detto FILE DI LOG o JOURNAL, l'immagine dei dati del database "fotografati" prima dell'inizio della transazione, si tratta delle "before images" dei dati, e quindi è in grado di ripristinarli per eseguire il ROLLBACK della transazione stessa.

ATOMICITA'

Questa proprietà prevede che una transazione debba essere eseguita completamente oppure annullata. In pratica non possono verificarsi esecuzioni parziali di una transazione.
Atomicità significa "indivisibilità": una transazione viene eseguita "tutta o niente".
Si tratta di una proprietà molto importante che evita gravi situazioni di errore dei dati.

Esempio 1) Transazione di giroconto bancario, o bonifico bancario: prelievo di una somma di denaro da un conto e versamento della stessa in un altro conto.

Tabella Conti

ID	Titolare	Saldo
101	Rossi Mario	1000
102	Bianchi Eugenio	1000

Tabella Movimenti

ID	IDconto	Data	Importo	Causale

Sequenza di istruzioni per effettuare un giroconto di 200 euro dal conto 101 al conto 102

INSERT INTO Movimenti VALUES (1, 101, CURDATE(), -200, 'prelievo');
UPDATE Conti SET Saldo = Saldo - 200 WHERE ID = 101;
INSERT INTO Movimenti VALUES (2, 102, CURDATE(), +200, 'versamento');
UPDATE Conti SET Saldo = Saldo + 200 WHERE ID = 102;

Se l'operazione di aggiornamento (UPDATE) che va a diminuire il saldo del conto 101 fallisce a causa del vincolo sui dati che impedisce di avere un saldo negativo, e invece le altre operazioni vanno a buon fine, si ottiene un database con dati errati.
Oppure, se dopo aver eseguito le prime 2 delle 4 suddette istruzioni si verifica un blocco del sistema, si ottiene l'erronea registrazione di un prelievo di 200 euro dal conto di Rossi Mario, senza nessun versamento a favore di Bianchi Eugenio.

Per evitare queste spiacevoli situazioni, si deve rendere atomica la transazione aggiungendo le istruzioni START TRANSACTION e COMMIT

START TRANSACTION;

INSERT INTO Movimenti VALUES (1, 101, CURDATE(), -200, 'prelievo');

UPDATE Conti SET Saldo = Saldo - 200 WHERE ID = 101;

INSERT INTO Movimenti VALUES (2, 102, CURDATE(), +200, 'versamento');

UPDATE Conti SET Saldo = Saldo + 200 WHERE ID = 102;

COMMIT;

In quest'ultimo caso, se una qualche operazione causa un errore oppure avviene un blocco del sistema dopo aver effettuato parzialmente le suddette istruzioni, viene eseguito automaticamente il ROLLBACK delle modifiche parziali effettuate.

Così si annullano totalmente gli effetti delle istruzioni eseguite e il database ritorna alla situazione precedente l'inizio della transazione.

A questo punto l'operatore vedendo il messaggio di errore del sistema, potrà decidere di ritentare l'effettuazione della transazione.

Esempio 2) Inserimento di un ordine in un negozio on line.
Si vuole registrare un ordine di acquisto nel database; l'ordine è costituito da una riga con informazioni generali e alcune righe di dettaglio.

Tabella Ordini

ID	Data	IDcliente	ImportoTotale
12	16-03-2020	C003	500
13	16-03-2020	C007	300

Tabella DettaglioOrdini

IDordine	Articolo	Quantità	PrezzoUnitario
12	Frigorifero X12	1	450
12	Ferro da stiro PH7	1	50
13	Scopa elettrica ZYG3	1	300

Istruzioni per inserire l'ordine di una Lavatrice RX18 di 500 euro fatto dal cliente C008

INSERT INTO Ordini VALUES(14, '17-03-2020', C008, 500);

INSERT INTO DettaglioOrdini VALUES(14, 'Lavatrice RX18', 1, 500);
Tuttavia, a causa di un qualche problema, potrebbe andare a buon fine solo la prima di queste due istruzioni e quindi si corre il rischio di avere la registrazione della parte generale dell'ordine senza nessuna riga di dettaglio.
Poiché questa situazione non è assolutamente desiderabile, è necessario cautelarsi rendendo atomica la suddetta sequenza di istruzioni.

START TRANSACTION;
INSERT INTO Ordini VALUES(14, '17-03-2020', C008, 500);
INSERT INTO DettaglioOrdini VALUES(14, 'Lavatrice RX18', 1, 500);
COMMIT;

In questo modo, o l'ordine viene registrato interamente in tutte le sue parti oppure non viene effettuata nessuna registrazione.

CONSISTENZA

Questa proprietà prevede che una transazione debba mantenere l'integrità dei dati del database; in sostanza devono essere rispettati tutti i vincoli previsti sui dati: esistenza e unicità delle chiavi primarie, integrità dei riferimenti delle chiavi esterne, i vincoli impostati sul dominio degli attributi come esistenza (not null), unicità, vincoli di valore (check).
Appena una istruzione effettua una modifica (insert, update, delete) che causa la violazione di uno dei vincoli previsti sui dati, l'intera transazione viene automaticamente abortita: si ha il ROLLBACK.

☞ Si noti che vengono annullate tutte le modifiche effettuate dalla suddetta transazione, anche quelle che rispettavano i vincoli!

Esempio 1) Aumentare di 1 punto tutti i voti di informatica degli studenti

Tabella Voti

ID	NomeStudente	Materia	Voto
1	Neri Alessandro	Italiano	9
2	Neri Alessandro	Informatica	7
3	Grigio Marco	Informatica	4
4	Verdi Eugenio	Informatica	10

Si suppone che la tabella abbia in particolare il vincolo di valore sul voto (da 1 a 10).

```
CREATE TABLE Voti
(
ID INT AUTO_INCREMENT,
NomeStudente VARCHAR(50) NOT NULL,
Materia VARCHAR(50) NOT NULL,
Voto INT,
PRIMARY KEY (ID),
CHECK (Voto>=1 and Voto<=10)
) Engine = InnoDB
```

L'istruzione di aggiornamento è la seguente

```
UPDATE Voti SET Voto = Voto + 1
WHERE Materia = 'Informatica'
```

Poiché si tratta di una singola istruzione, essa è considerata automaticamente una transazione ACID.
Nel caso in esame, si tenta di aumentare di 1 tutti i voti di Informatica, ma purtroppo si verifica una violazione del vincolo di valore per lo studente Verdi Eugenio, e pertanto tutte le modifiche vengono annullate e tutti i voti rimangono invariati!

Esempio 2) Prenotazione di un volo aereo.

Il campo PostiDisponibili indica quanti posti sono ancora disponibili per quel determinato volo aereo. Su di esso è stato impostato il vincolo

CHECK (PostiDisponibili >= 0)

Tabella Voli

ID	PostiTotali	PostiDisponibili
1	100	1
2	100	100

Tabella Prenotazioni

ID	IDvolo	NomeCliente
1	1	Alfa
2	1	Beta
3	1	Alfa

La transazione di prenotazione di un posto nel volo 1 da parte del cliente Gamma è la seguente

START TRANSACTION;

INSERT INTO Prenotazioni(IDvolo, NomeCliente) VALUES(1, 'Gamma');

UPDATE Voli SET PostiDisponibili = PostiDisponibili - 1 WHERE ID = 1;

COMMIT;

Nel caso in cui non ci fossero posti disponibili (ovvero PostiDisponibili = 0), l'istruzione di aggiornamento della tabella Voli causerebbe una violazione del vincolo di valore sul campo PostiDisponibili e quindi l'intera transazione verrebbe annullata: il ROLLBACK riporterebbe entrambe le tabelle alla situazione precedente a questo tentativo di prenotazione.
In modo del tutto equivalente, è possibile creare un Trigger per effettuare automaticamente l'aggiornamento dei posti disponibili nella tabella voli a seguito di ogni prenotazione effettuata (oppure cancellata).

ISOLAMENTO

La proprietà di Isolamento consente di gestire in modo corretto i conflitti che si verificano nell'accesso concorrente agli stessi dati da parte di diverse transazioni.
Si tratta di una questione molto importante specialmente quando il database è utilizzato da diverse applicazioni distribuite in una rete di computer.

Due transazioni concorrenti sono in competizione nella lettura e aggiornamento dei dati di una tabella e per evitare modifiche errate ai dati esse devono essere eseguite in sequenza: si esegue la prima che è arrivata e si lascia la seconda in attesa. Solo quando la prima transazione ha eseguito il Commit, si può iniziare ad eseguire la seconda.

Esempio 1) Prenotazioni concorrenti dello stesso volo aereo.

Tabella Voli

ID	PostiTotali	PostiDisponibili
1	100	1
2	100	100

Tabella Prenotazioni

ID	IDvolo	NomeCliente
1	1	Alfa
2	1	Beta
3	1	Alfa

In assenza di Transazioni, si potrebbe verificare la seguente successione temporale di istruzioni concorrenti con una alternanza di esecuzione delle due prenotazioni:

	Agenzia Viaggi 1	Agenzia Viaggi 2
T E M P O	SELECT PostiDisponibili FROM Voli WHERE ID = 1; // vedo che c'è 1 posto INSERT INTO Prenotazioni(IDvolo, NomeCliente) VALUES(1, 'Gamma'); UPDATE Voli SET PostiDisponibili = PostiDisponibili - 1 WHERE ID = 1;	 SELECT PostiDisponibili FROM Voli WHERE ID = 1; // vedo che c'è 1 posto INSERT INTO Prenotazioni(IDvolo, NomeCliente) VALUES(1, 'Delta'); UPDATE Voli SET PostiDisponibili = PostiDisponibili - 1 WHERE ID = 1;

Al termine i posti disponibili risultano erroneamente -1 e hanno prenotato sia Gamma che Delta.

Con le Transazioni, si avrebbe invece il seguente scenario, con l'esecuzione in successione di una transazione di seguito all'altra, senza sovrapposizioni temporali.

	Agenzia Viaggi 1	*Agenzia Viaggi 2*
T E M P O	START TRANSACTION; SELECT PostiDisponibili FROM Voli WHERE ID = 1 **FOR UPDATE**; // vedo che c'è 1 posto INSERT INTO Prenotazioni(IDvolo, NomeCliente) VALUES(1, 'Gamma'); UPDATE Voli SET PostiDisponibili = PostiDisponibili - 1 WHERE ID = 1; COMMIT;	 START TRANSACTION; SELECT PostiDisponibili FROM Voli WHERE ID = 1 **FOR UPDATE**; // vedo che NON ci sono posti COMMIT;

Al termine i posti disponibili risultano 0 e ha prenotato solo Gamma.

Si noti l'uso dell'istruzione SELECT ... FOR UPDATE che consente di bloccare (LOCK) il record con ID = 1 della tabella Voli in modo che altre transazioni non possano nel frattempo né leggerlo né tantomeno modificarlo.
In questo modo la seconda transazione deve aspettare il COMMIT della prima per poter leggere i posti disponibili nel volo con ID = 1.
Qualora, invece, si fosse utilizzata la semplice SELECT non bloccante, si sarebbe consentito alla seconda transazione di leggere subito i posti disponibili del volo con ID = 1 e quindi sarebbe stato possibile vedere ancora 1 posto disponibile.
Tuttavia, in questo caso, il successivo tentativo di UPDATE della seconda transazione avrebbe causato la violazione del vincolo di valore del campo PostiDisponibili e pertanto l'intera transazione sarebbe stata automaticamente annullata (ROLLBACK).

In generale, quando all'interno di una Transazione si legge un record che dovrà essere modificato dalla Transazione stessa, è opportuno effettuare la lettura mediante SELECT ... FOR UPDATE.

Se invece, il record che si deve leggere contiene dati che servono per effettuare un aggiornamento in un'altra tabella allora è opportuno effettuare la lettura mediante SELECT ... FOR SHARE, la quale consente ad altre transazioni di leggere lo stesso record ma non di modificarlo, ne' di cancellarlo.

Il codice della stored procedure che effettua la prenotazione è il seguente

```
CREATE PROCEDURE voli.InserisciPrenotazione(IN volo INT, IN cliente VARCHAR(100))

BEGIN

DECLARE disp INT;

START TRANSACTION;

SELECT PostiDisponibili INTO disp
FROM Voli
WHERE ID = volo FOR UPDATE;

IF (disp > 0) THEN
BEGIN

    INSERT INTO Prenotazioni(IDvolo, NomeCliente)
    VALUES (volo, cliente);

    UPDATE Voli
    SET PostiDisponibili = PostiDisponibili - 1
    WHERE ID = volo;

    COMMIT;
END;
ELSE
BEGIN
```

SIGNAL SQLSTATE '45000' SET MESSAGE_TEXT = 'posti esauriti';

ROLLBACK;

END;

END IF;

END

La chiamata avviene con la seguente istruzione

CALL voli.InserisciPrenotazione(1, "Gamma");

ad un certo punto si verificherà il previsto errore di inserimento

 Errore SQL [1644] [45000]: posti esauriti

☞ Nel caso sia stato definito il vincolo CHECK (PostiDisponibili >= 0) nella tabella Voli, non occorre accertarsi preventivamente della disponibilità di posti e si può procedere direttamente con l'inserimento della prenotazione e il successivo aggiornamento del numero dei posti disponibili. A questo punto interviene il suddetto controllo automatico, che eventualmente causerebbe un errore di esecuzione e il conseguente ROLLBACK delle modifiche effettuate.

Esempio 2) Si vuole aggiungere nella tabella DettaglioOrdini un articolo ad un ordine già presente nella tabella Ordini

Tabella Ordini

ID	Data	IDcliente
12	16-03-2020	C003
13	16-03-2020	C007

Tabella DettaglioOrdini

IDordine	Articolo	Quantità	PrezzoUnitario
12	Frigorifero X12	1	450
12	Ferro da stiro PH7	1	50
13	Scopa elettrica ZYG3	1	300

La Transazione per aggiungere un Forno Microonde all'ordine del 16 marzo del cliente C003 è la seguente

DECLARE idordine INT;
START TRANSACTION;
SELECT ID INTO idordine FROM ORDINI WHERE DATA = '16-03-2020' AND IDcliente = 'C003' **FOR SHARE**;   # legge il valore 12
INSERT INTO DettaglioOrdini VALUES (idordine, 'Forno Microonde WW1', 1, 150);
COMMIT;

La lettura senza blocchi, ovvero la semplice SELECT, avrebbe consentito ad un'altra transazione di eliminare l'ordine mentre questa transazione ne stava aggiornando il dettaglio.

☛   L'istruzione SELECT ... FOR SHARE di MySQL 8 sostituisce la SELECT ... LOCK IN SHARE MODE di MySQL 5

Si noti che nella tabella Ordini di questo esempio non c'è il campo riepilogativo dell'Importo Totale dell'ordine, e quindi la riga dell'ordine modificato NON deve essere aggiornata.
Se invece ci fosse il campo ImportoTotale dell'ordine, allora si dovrebbe utilizzare SELECT ... FOR UPDATE per evitare anche la lettura del record da parte di altre transazioni.
Infatti, una lettura effettuata durante l'aggiornamento dell'ordine potrebbe acquisire l'Importo Totale non aggiornato e incoerente con la nuova situazione dell'ordine!

Livelli di isolamento

Il motore InnoDB di MySQL implementa diversi livelli di isolamento per le transazioni

- READ-UNCOMMITTED
- READ-COMMITTED
- REPEATABLE-READ   → è l'opzione di default
- SERIALIZABLE

È possibile impostare la modalità di lavoro della transazione tramite il comando

SET TRANSACTION ISOLATION LEVEL tipo

Il livello SERIALIZABLE garantisce l'esecuzione sequenziale delle transazioni, convertendo tutte le SELECT non bloccanti in SELECT ... FOR SHARE.

Il livello REPEATABLE READ garantisce letture consistenti (consistent read) all'interno di una transazione, ovvero se si ripete una SELECT (non blocking read) questa restituirà lo stesso risultato ottenuto in precedenza. In pratica, non si risente di operazioni di modifica, inserimento o cancellazione effettuate da altre transazioni eseguite in parallelo.

Il livello READ COMMITTED, invece, può produrre "letture fantasma" (phantom rows) ovvero in una seconda lettura possono comparire righe inserite da un'altra transazione e non presenti nella lettura precedente.

Il livello READ UNCOMMITTED consente letture non consistenti (dirty read), ovvero si possono ottenere risultati diversi ripetendo la stessa lettura, in quanto nel frattempo i dati possono essere stati modificati da un'altra transazione.

ESERCIZIO con il Database voli

Dato il database del voli aerei senza il campo PostiDisponibili

Tabella Voli - senza il campo riepilogativo dei posti disponibili

ID	PostiTotali
1	100
2	100

Tabella Prenotazioni

ID	IdVolo	IdCliente
1	1	11
2	1	11
3	1	12
4	1	12

Tabella Clienti

ID	Nome
11	Alfa
12	Beta

Scrivere la procedura (stored procedure) per inserire un nuovo volo controllando che il numero di prenotazioni inserite non ecceda il numero di posti totali del volo in questione.

Soluzione

Per inserire una prenotazione si devono contare le prenotazioni già effettuate e confrontare tale valore con il numero di posti totali nel volo interessato.
Se i posti sono esauriti si genera un errore di run-time.

```
CREATE PROCEDURE voli.InserisciPrenotazione(IN volo INT, IN cliente INT)
BEGIN
DECLARE nPrenot INT;
DECLARE postiTot INT;
```

```
START TRANSACTION;

SELECT COUNT(*) INTO nPrenot FROM Prenotazioni
WHERE IdVolo = volo FOR UPDATE;

SELECT PostiTotali INTO postiTot FROM Voli
WHERE ID = volo;

IF (nPrenot < postiTot) THEN
BEGIN
   INSERT INTO Prenotazioni(IdVolo, IdCliente)
   VALUES (volo, cliente);

   COMMIT;
END;
ELSE
BEGIN
   SIGNAL SQLSTATE '45000' SET MESSAGE_TEXT = 'posti esauriti';

   ROLLBACK;
END;
END IF;
END
```

Esempio di chiamata

CALL voli.InserisciPrenotazione(1, 1);

DURABILITA' (PERSISTENZA)

Questa proprietà deriva dall'inglese "DURABILITY" e consiste nel garantire la permanenza nel tempo dei dati nel database.
I dati di un database vengono continuamente aggiornati dalle transazioni per riflettere la situazione reale degli oggetti e dei fatti rappresentati dal database stesso.
Pertanto, è desiderabile che gli effetti di queste transazioni di aggiornamento risultino duraturi nel tempo.
A tal fine i DBMS attuano dei meccanismi di backup automatico periodico dei dati del database.

Inoltre, a fronte di malfunzionamenti, i DBMS sono in grado di ripristinare i dati aggiornati da una transazione grazie alla continua memorizzazione dei nuovi dati aggiornati in un "giornale di bordo", detto FILE DI LOG o JOURNAL (si tratta delle "after images" dei dati).

In caso di errore o guasto con danneggiamento del database, si deve effettuare una "ripartenza a freddo", ovvero si deve ripristinare il database dall'ultima copia di backup fatta sperabilmente poco tempo prima del verificarsi del problema.
Poi si devono ripristinare le immagini dei dati inseriti o modificati successivamente all'effettuazione del backup, prelevandole dal JOURNAL ed infine si deve rifare a mano l'ultima operazione che, a causa del guasto, non è andata a buon fine.

Per effettuare il backup del database con MySQL si può utilizzare l'utility mysqldump.

9. Sicurezza del Database

Per le questioni di sicurezza che riguardano i diritti di accesso al database si possono utilizzare le VISTE e definire i privilegi degli utenti.

Le VISTE del database

Le VISTE (VIEW) sono **tabelle virtuali** definite da una query SELECT che vengono riempite con i dati presenti nel database nel momento in cui vengono utilizzate dall'utente.

La sintassi del comando per definire una VIEW è la seguente

CREATE VIEW nomeVista AS SELECT .....

Per utilizzare una VIEW, la si può interrogare come se fosse una normale tabella.

SELECT *
FROM nomeVista
WHERE ....

e, se la VIEW contiene anche la chiave primaria della tabella, si può anche effettuare un inserimento di dati nella tabella, agendo tramite la VIEW stessa:

INSERT INTO nomeVista(....)
VALUES (.....)

☞ Lo scopo principale delle VISTE è quello di limitare la visibilità dei dati per le diverse categorie di utenti.

Si consideri, ad esempio, la tabella degli impiegati di una azienda:

Impiegati(Matricola, Nome, DataNascita, TitoloDiStudio, Mansione, NumeroFamiliariACarico, Stipendio)

Un addetto dell'ufficio del personale ha pieno diritto di vedere e modificare tutti questi dati, invece un addetto dell'ufficio incaricato della programmazione del lavoro in officina deve poter vedere solo quei dati che gli consentono di svolgere le proprie funzioni, ovvero organizzare i turni di lavoro.
Pertanto si crea una apposita vista che limita i campi visibili della tabella:

CREATE VIEW VistaImpiegati
AS SELECT Matricola, Nome, DataNascita, TitoloDiStudio, Mansione
FROM Impiegati

in questo modo l'addetto alla produzione farà query del tipo

SELECT *
FROM VistaImpiegati
WHERE Mansione = "Collaudatore"

Poiché questa vista contiene anche il campo Matricola, sarebbe anche possibile utilizzarla per effettuare un inserimento di dati anche se, così facendo, i campi esclusi dalla vista resteranno senza valore.

☞   Ai diversi impiegati dell'azienda viene quindi dato il diritto di leggere e/o modificare solo alcune tabelle o viste del database.

Una vista può anche essere definita dal JOIN di più tabelle o dal raggruppamento dei dati di una tabella.

☞   In questi casi, una vista consente anche di semplificare il lavoro di interrogazione del database.

Esempio: vista che per ogni mansione fornisce il numero di impiegati, e lo stipendio minimo, massimo e medio

CREATE VIEW MansioniImpiegati
AS SELECT Mansione, COUNT(*) AS Conteggio, MIN(Stipendio) AS StipendioMin, MAX(Stipendio) AS StipendioMax, AVG(Stipendio) AS StipendioMedio
FROM Impiegati
GROUP BY Mansione
ORDER BY Mansione

Per ottenere la mansione con lo stipendio medio più alto si può utilizzare la suddetta vista.

SELECT Mansione, StipendioMedio
FROM MansioniImpiegati
WHERE StipendioMedio = (SELECT MAX(StipendioMedio)
                        FROM MansioniImpiegati)

Utenti e Privilegi

Per questioni di sicurezza, non è opportuno dare i diritti dell'amministratore "root" a tutti gli utenti del database, compresi i software applicativi che accedono al database. Conviene piuttosto creare degli utenti con privilegi limitati.
Per concedere ai diversi utenti del database il diritto di leggere e/o modificare le tabelle o le viste del database si usa il comando GRANT.
Ad esempio, per concedere "tutti i privilegi" di lettura, modifica dei dati e della struttura della tabella Impiegati del database azienda, all'utente "gianni" che agisce presso il server "localhost" si scrive

CREATE USER gianni@localhost IDENTIFIED BY '*password*';
GRANT ALL ON azienda.Impiegati TO gianni@localhost;
→ con ALL si intende ALL PRIVILEGES

Ora viene creato l'utente pippo con password 123 e gli vengono concessi i diritti di lettura (SELECT), inserimento (INSERT), modifica (UPDATE), cancellazione (DELETE) ed esecuzione di stored procedure (EXECUTE) su tutte le tabelle e viste del database voli.

CREATE USER pippo IDENTIFIED BY '123';
GRANT SELECT ON voli.* TO pippo;   → da qualsiasi client
GRANT INSERT ON voli.* TO pippo;
GRANT UPDATE, DELETE ON voli.* TO pippo;
GRANT EXECUTE ON voli.* TO pippo;

L'amministratore root ha tutti i privilegi su tutti i database:

GRANT ALL ON *.* TO 'root';

10. Programmazione di un database

L'utilizzo interattivo di SQL per lavorare con i dati del database risulta piuttosto scomodo, specialmente per svolgere attività ripetitive; pertanto conviene scrivere dei programmi applicativi che dialogano con l'utente in modo amichevole e interagiscono con il database inviando al DBMS gli appositi comandi SQL.
In questo lavoro viene trattata la programmazione in linguaggio C# (in appendice viene anche accennata anche quella in linguaggio PHP).

Per la programmazione dell'accesso ai dati di un database si può utilizzare uno dei seguenti due metodi:

1) Metodo tradizionale

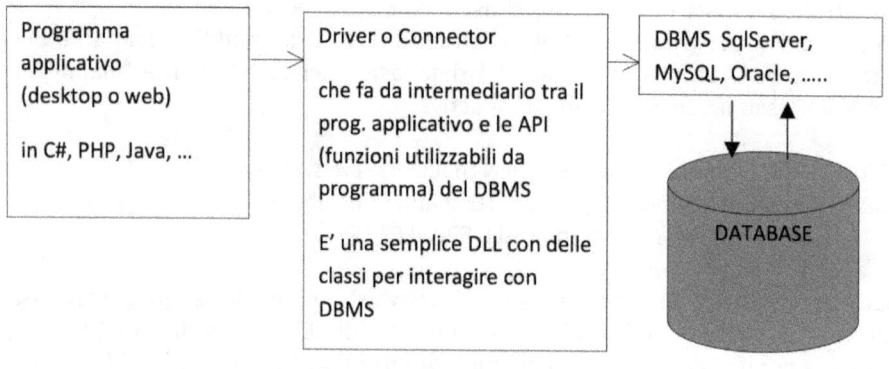

Architettura software tradizionale

Lo stesso programma applicativo può funzionare con diversi DBMS semplicemente cambiando il driver (o connector) specifico del DBMS prescelto.
Si interroga il DATABASE utilizzando delle classi apposite che inviano al DBMS le istruzioni in linguaggio SQL scritte dal programmatore.

2) Metodo moderno che rende trasparente il database utilizzando un software ORM (Object Relational Mapper) come NHibernate oppure EntityFramework, che si interpone tra il programma applicativo e il driver del DBMS.

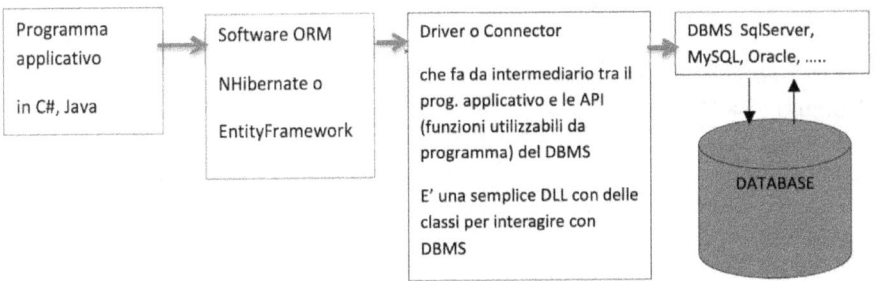

Architettura software moderna, con ORM

Il programma applicativo usa oggetti "persistenti" senza sapere che dietro c'è un database: si interagisce semplicemente con una collezione di oggetti in RAM.
Con EntityFramework, per cercare e aggiornare i dati si usa la libreria LINQ To Entities. Ad esempio, per recuperare i dati della tabella Clienti si scrive una istruzione come la seguente

var elencoClienti = context.Clienti.Where(x => x.Città == "TV")

10.1 METODO TRADIZIONALE

Si considera un piccolo database di nome PRA (Pubblico Registro Automobilistico) con le seguenti due tabelle

Proprietari (<u>CodiceFiscale</u>, Nome, CittàResidenza, DataPatente)
Automobili (<u>Targa</u>, Modello, Cilindrata, CodiceProprietario)

```
CREATE TABLE Proprietari
(
    CodiceFiscale CHAR(16) PRIMARY KEY,
    Nome VARCHAR(100),
    CittàResidenza VARCHAR(100),
    DataPatente DATE
)
```

```
CREATE TABLE Automobili
(
   Targa CHAR(10) PRIMARY KEY,
   Modello VARCHAR(50),
   Cilindrata INT,
   CodiceProprietario CHAR(16) REFERENCES Proprietari(CodiceFiscale)
)
```

Si tratta di due tabelle collegate in modalità "uno a molti" (1-N), avendo ipotizzato che ciascuna automobile abbia un solo proprietario.

Per programmare l'accesso a un database servono due tipologie di classi:

- **classi DTO (Data Transfer Objects)**
- **classi DAO (Data Access Objects)**

Le classi DTO servono per rappresentare i dati estratti dal database (in C# queste classi vengono anche chiamate classi POCO).
Tipicamente si crea una classe per ogni tabella; eventualmente si potrebbero anche creare delle classi DTO specifiche per rappresentare i dati ottenuti da sintesi e raggruppamenti di dati del database.
In questo caso si creano le classi Proprietario e Automobile.

```
public class Proprietario
{
   // una property per ogni attributo della tabella
   public string CodiceFiscale {get; set;}
   public string Nome {get; set;}
   public string CittàResidenza {get; set;}
   public DateTime DataPatente {get; set;}

   // eventuale metodo ToString() per la visualizzazione
   public override string ToString()
   {
      return CodiceFiscale + " " + Nome + " " + CittàResidenza;
   }
}

public class Automobile
{
   // una property per ogni attributo della tabella
   public string Targa {get; set;}
   public string Modello {get; set;}
```

```
public int Cilindrata {get; set;}
public string CodiceProprietario {get; set;}

// eventuale metodo ToString() per la visualizzazione
public override string ToString()
{
    return Targa + " " + Modello + " " + Cilindrata;
}
}
```

 I tipi di dati usati dal database sono diversi da quelli del C#; ad esempio nel database si ha CHAR(16) mentre nel C# ci sono solo stringhe a lunghezza variabile con il tipo string.
Le corrispondenze sono

- CHAR(n), VARCHAR(n) e TEXT con **string**,
- INT con **int**,
- NUMERIC(n, d) e DECIMAL(n, d) con **Decimal**,
- FLOAT e DOUBLE con **double**,
- DATE, TIME, DATETIME con **DateTime**.

Le classi DAO contengono i metodi per accedere ai dati del database e caricarli in RAM nei corrispondenti oggetti DTO e anche i metodi che consentono di salvare nelle tabelle del database i dati contenuti in oggetti (delle classi DTO) presenti in RAM.

Si tratta dei cosiddetti **metodi CRUD** (Create, Retrieve, Update, Delete).

Di solito si crea una classe DAO per la gestione di ciascuna tabella del database, oppure, se le tabelle sono poco numerose, si può creare un'unica classe DAO per gestire l'intero database con tutti i metodi CRUD necessari.

GestioneProprietari
string StringaDiConnessione

// metodi CRUD
List<Proprietario> RecuperaTutti()
 	
Proprietario RecuperaPerCodiceFiscale(string unCodiceFiscale)
 	
// restituisce l'eventuale messaggio di errore
string Inserisci(Proprietario nuovo)

GestioneAutomobili
string StringaDiConnessione
// metodi CRUD   ...

I metodi CRUD sostanzialmente inviano al DBMS una query SQL e ottengono in risposta i dati richiesti.

Il framework .NET di Microsoft fornisce una libreria di classi astratte, si tratta della libreria ADO.NET, che disciplinano le modalità di accesso al database
In questo modo viene uniformata la programmazione del software applicativo che utilizza i diversi database sul mercato.
In questa libreria ci sono le classi astratte DBConnection, DBCommand, DBDataReader,
Ogni DBMS è accompagnato da un Driver che consiste in una libreria di classi concrete che realizzano le funzionalità previste dalle suddette classi astratte.

Pertanto, nel Driver di MySQL si trovano le classi MySqlConnection, MySqlCommand, MySqlDataReader
In modo del tutto analogo, nel Driver per SQLServer ci sono SqlConnection, SqlCommand, SqlDataReader, in quello per SQLite ci sono SQLiteConnection, SQLiteCommand, SQLiteDataReader.

Le istruzioni per recuperare tutti i record della tabella Proprietari sono le seguenti

```
// lista per contenere i dati recuperati
List<Proprietario> elenco = new List<Proprietario>();
// connessione al database
string stringaDiConnessione = "server=localhost; port=3306; database=PRA; user=root; password=root";
MySqlConnection con = new MySqlConnection(stringaDiConnessione);
con.Open();   // se ci sono errori di rete, di password o di
              // nome database, si verifica un errore runtime!
// la query da eseguire
string query = "SELECT * FROM Proprietari ORDER BY CodiceFiscale";
// si crea il comando contenente la query
MySqlCommand cmd = new MySqlCommand(query, con);
// si chiede al server di eseguire il comando e si ottengono i dati
MySqlDataReader reader = cmd.ExecuteReader();
// ciclo di scansione dei dati ricevuti
```

```csharp
// il metodo Read() avanza di una riga il posizionamento sui dati
// recuperati e restituisce true se c'è ancora una riga, false
// quando si giunge alla fine dei dati
// all'inizio il posizionamento è subito prima della prima riga
while (reader.Read())
{
   Proprietario p = new Proprietario();
   // si deve fare il casting dei dati letti
   p.CodiceFiscale = (string) reader["CodiceFiscale"];
   p.Nome = (string) reader["Nome"];
   p.CittàResidenza = (string) reader["CittàResidenza"];
   p.DataPatente = (DateTime) reader["DataPatente"];
   elenco.Add(p);
}
// si chiude il reader e la connessione
reader.Close();
con.Close();
// si stampano i dati recuperati
foreach (Proprietario p in elenco)
{
   Console.WriteLine(p.CodiceFiscale + " " + p.Nome);
}
```

Per scrivere il codice si deve innanzitutto aggiungere, mediante NuGet, il pacchetto MySql.Data che costituisce il driver (.Net Connector) per i database di MySql.

```csharp
using System;
using MySql.Data.MySqlClient;

public class GestioneProprietari
{
   public string StringaDiConnessione {get; set;}

   public GestioneProprietari()
   {
      StringaDiConnessione = "server=localhost;port=3306;
                     database=PRA;user=root;password=root";
   }

   public List<Proprietario> RecuperaTutti()
   {
      List<Proprietario> elenco = new List<Proprietario>();
      // con using la connessione verrà automaticamente chiusa
      // al termine del metodo
```

```
        using MySqlConnection con =
            new MySqlConnection(StringaDiConnessione);
        // le stringhe "letterali" consentono di andare a capo
        string query = @"SELECT * FROM PROPRIETARI
                        ORDER BY CodiceFiscale";
        MySqlCommand cmd = new MySqlCommand(query, con);
        MySqlDataReader reader = cmd.ExecuteReader();
        while (reader.Read())
        {
            Proprietario p = new Proprietario();
            p.CodiceFiscale = (string) reader["CodiceFiscale"];
            p.Nome = (string) reader["Nome"];
            p.CittàResidenza = (string) reader["CittàResidenza"];
            p.DataPatente = (DateTime) reader["DataPatente"];
            elenco.Add(p);
        }
        reader.Close();
        return elenco;
    }
}
```

☞ La stringa di connessione al database conviene che sia posta in un file di configurazione dell'applicazione in modo che essa possa essere agevolmente cambiata senza dover mettere le mani sul programma applicativo.
Infatti, dopo aver sviluppato e testato il programma applicativo su una macchina di sviluppo corredata di server DBMS, il programma dovrà essere installato in altre macchine e dovrà interagire con un server DBMS collocato opportunamente su un apposito server aziendale.

Si crea il file appsettings.json con il seguente contenuto in formato json

```
{
  "ConnectionStrings": { "Pra": "server=localhost;port=3306;
                        database=PRA;user=root;password=root" }
}
```

Ci potrebbero essere più stringhe di connessione, ciascuna con un nome identificativo.

Si devono installare i pacchetti Microsoft.Extensions.Configuration e Microsoft.Extensions.Configuration.Json e riscrivere il costruttore della classe GestioneProprietari:

```
using System;
using MySql.Data.MySqlClient;
using Microsoft.Extensions.Configuration;

public class GestioneProprietari
{
   public string StringaDiConnessione {get; set;}

   public GestioneProprietari()
   {
      // il file appsettings.json deve essere copiato
      // nella directory di output:
      // fare click destro -> proprietà -> copia sempre

      // config è di tipo IConfigurationRoot
      var config = new ConfigurationBuilder()
                  .AddJsonFile("appsettings.json")
                  .Build();
      StringaDiConnessione = config["ConnectionStrings:Pra"];
   }
```

☞ Notare che quando è aperto un oggetto DataReader, l'oggetto Connection viene utilizzato esclusivamente da quell'oggetto DataReader. Pertanto, non è possibile eseguire alcun comando per l'oggetto Connection, ne' creare un altro DataReader fino a quando il primo DataReader non viene chiuso.

Il metodo RecuperaPerCodiceFiscale() della classe GestioneProprietari richiede l'utilizzo di una **query parametrica**.

```
public Proprietario RecuperaPerCodiceFiscale(
                                    string unCodiceFiscale)
{  // restituisce null se non lo trova
   Proprietario c = null;
   using MySqlConnection con =
       new MySqlConnection(StringaDiConnessione);
   con.Open();
   // per evitare forme di attacco di tipo SQL INJECTION,
   // si predispone una query parametrica, non una query
   // ottenuta come concatenazione di stringhe!!!
   string query = @"SELECT * FROM Proprietari
                  WHERE CodiceFiscale = @codice";
   MySqlCommand cmd = new MySqlCommand(query, con);
   // assegnazione del valore al parametro @codice
```

```
    cmd.Parameters.AddWithValue("@codice", unCodiceFiscale);
    MySqlDataReader reader = cmd.ExecuteReader();
    // nessun ciclo perchè al più c'è un solo proprietario
    // con quel codice
    if (reader.Read())
    {
       c = new Proprietario();
       c.CodiceFiscale = (string) reader["CodiceFiscale"];
       c.Nome = (string) reader["Nome"];
       c.CittàResidenza = (string) reader["CittàResidenza"];
       c.DataPatente = (DateTime) reader["DataPatente"];
    }
    reader.Close();
    return c;
}
```

L'inserimento di un nuovo proprietario richiede la gestione dell'eventuale errore run-time dovuto alla duplicazione del codice fiscale che va a violare il vincolo di chiave primaria.

Si ricorda che nel caso vi sia una chiave primaria autoincrementante, il suo valore viene assegnato automaticamente dal DBMS e pertanto essa non va inserita nella query INSERT.

```
// metodo che inserisce un nuovo proprietario nel database
// restituisce l'eventuale messaggio di errore
public string Aggiungi(Proprietario nuovo)
{
    string messaggio = "";
    using MySqlConnection con =
        new MySqlConnection(StringaDiConnessione);
    con.Open();
    string query = @"INSERT INTO Proprietari(CodiceFiscale, Nome,
                    CittàResidenza, DataPatente)
                    VALUES (@codice, @nome, @citta, @data)";
    MySqlCommand cmd = new MySqlCommand(query, con);
    cmd.Parameters.AddWithValue("@codice", nuovo.CodiceFiscale);
    cmd.Parameters.AddWithValue("@nome", nuovo.Nome);
    cmd.Parameters.AddWithValue("@citta", nuovo.CittàResidenza);
    cmd.Parameters.AddWithValue("@data", nuovo.DataPatente);
    try {
        cmd.ExecuteNonQuery();
    }
    catch (MySqlException ex)
    { messaggio = ex.Message; }
    return messaggio;
```

}

👉 Dopo che è stato effettuato l'inserimento di un record con ID autoincrementante, può risultare necessario conoscere il valore di tale ID, ad esempio per poter inserire un record in un'altra tabella correlata in cui tale valore costituisce chiave esterna.
A tal fine si può leggere il valore della proprietà **LastInsertedId** dell'oggetto command all'interno della medesima sessione di lavoro.

Esempio di inserimento di un nuovo cliente nella tabella Clienti(ID, Nome, Città, Email) con ID autoincrementante

```
using MySqlConnection con =
    new MySqlConnection(StringaDiConnessione);
conn.Open();
string sql = @"INSERT INTO Clienti (Nome, Città, Email)
               VALUES (@nome, @città, @Email";
MySqlCommand cmd = new MySqlCommand(sql, conn);
cmd.Parameters.AddWithValue("@nome", "Rossi Mario");
cmd.Parameters.AddWithValue("@città", "Treviso");
cmd.Parameters.AddWithValue("@Email", "rossi@libero.it");
try{
    cmd.ExecuteNonQuery();
    long lastId = cmd.LastInsertedId;
}
catch (MySqlException ex)
{ Console.WriteLine(ex.ToString()); }
```

Per mostrare l'utilizzo della classe GestioneProprietari, si propone una Console Application con il metodo Main() che effettua un inserimento di un nuovo proprietario nel database, stampa l'elenco di tutti i proprietari e poi ricerca il proprietario che ha un determinato codice.

```
public static void Main()
{
    GestioneProprietari g = new GestioneProprietari();

    // inserimento di un nuovo proprietario
    Proprietario nuovo = new Proprietario {
        CodiceFiscale = "RSSSVD00",
        Nome = "Rossi Osvaldo",
        CittàResidenza = "Treviso",
        DataPatente = Convert.ToDateTime("2000-05-25") };
    string messaggio = g.Inserisci(nuovo);
```

```
if (messaggio == "")
{
   Console.WriteLine("Inserimento effettuato");
}
else
{
   Console.WriteLine("Errore: " + messaggio);
}

// stampa dell'elenco dei proprietari
List<Proprietario> elenco = g.RecuperaTutti();
foreach (Proprietario p in elenco)
{
   Console.WriteLine(p.CodiceFiscale + " " + p.Nome +
   " " + p.CittàResidenza + " " + p.DataPatente);
}

// ricerca di un proprietario in base al codice fiscale
Proprietario x = g.RecuperaPerCodiceFiscale("ZZZRRT18");
if (x != null)
{
   Console.WriteLine(x.CodiceFiscale + " " + x.Nome +
   " " + x.CittàResidenza + " " + x.DataPatente);
}
}
```

☛ Durante l'esecuzione di una applicazione vengono continuamente aperte e chiuse connessioni al database. Per ridurre il lavoro di apertura di nuove connessioni al database, ADO.NET utilizza una tecnica di ottimizzazione chiamata **connection pooling**.

Mediante il "connection pooling" viene ridotto il numero effettivo di nuove connessioni al database: il "pooler" gestisce le connessioni con il database e ne mantiene attive un certo numero. Ogni volta che un utente chiede di aprire una connessione, il pooler verifica se c'è una connessione disponibile nel pool. In caso positivo, esso fornisce all'utente tale connessione senza la necessità di aprirne una di nuova.

Quando l'utente chiude la connessione, essa viene restituita al pool delle connessioni attive, evitando di chiuderla effettivamente, in modo che essa possa essere riutilizzata per la prossima richiesta.

La restituzione di dati provenienti da più tabelle

Se si vuole recuperare dal database l'elenco dei proprietari, ciascuno con l'elenco delle proprie automobili, si effettua una query che effettua il join tra i proprietari e le loro automobili.
Il corrispondente metodo CRUD della classe GestioneProprietari restituirà una lista a tipizzazione dinamica contenente oggetti di tipo "anonymous".

```
public List<dynamic> RecuperaTuttiConAutomobili()
{
    List<dynamic> elenco = new List<dynamic>();
    using MySqlConnection con =
        new MySqlConnection(StringaDiConnessione);
    con.Open();
    // conviene assegnare dei nomi alias esplicativi
    // ai campi restituiti dalla query
    string query = @"SELECT CodiceFiscale, Nome, CittàResidenza,
        DataPatente, Targa AS TargaAuto, Modello AS ModelloAuto,
        Cilindrata AS CilindrataAuto
        FROM Proprietari INNER JOIN Automobili
        ON Proprietari.CodiceFiscale =
                            Automobili.CodiceProprietario
        ORDER BY Proprietari.CodiceFiscale, Autombili.Targa";
    MySqlCommand cmd = new MySqlCommand(query, con);
    MySqlDataReader reader = cmd.ExecuteReader();
    while (reader.Read())
    {
        // aggiunta di un oggetto di tipo anonimo
        elenco.Add( new {
            CodiceFiscale = (string) reader["CodiceFiscale"],
            Nome = (string) reader["Nome"],
            CittàResidenza = (string) reader["CittàResidenza"],
            DataPatente = (DateTime) reader["DataPatente"];
            TargaAuto = (string) reader["TargaAuto"],
            ModelloAuto = (string) reader["ModelloAuto"],
            CilindrataAuto = (int) reader["CilindrataAuto"] };
    }
    return elenco;
}
```

Esempio di utilizzo di questo metodo

```
GestioneProprietari g = new GestioneProprietari();
```

```
List<dynamic> elenco Proprietari =
                        g.RecuperaTuttiConAutomobili();

foreach (dynamic p in elencoProprietari)
{
   Console.WriteLine(p.CodiceFiscale + " " + p.Nome + " " +
   p.CittàResidenza + " " + p.DataPatente+ " " + p.TargaAuto +
   " " + p.ModelloAuto + " " + p.CilindrataAuto);
}
```

La possibilità di creare oggetti di tipo anonimo consente una notevole flessibilità nella scrittura di metodi che restituiscono dati provenienti da più tabelle oppure derivanti da operazioni di sintesi e raggruppamento di dati.

Valori NULL

Se nel database ci sono campi con valori NULL si generano errori run-time in fase di lettura dei dati quando si tenta di convertire tali valori nei tipi del C#.
Il valore NULL corrisponde al tipo DBNull del C#.
Pertanto è necessario effettuare un controllo per assegnare un valore di default per i campi che contengono un DBNull. A tal fine si può utilizzare una espressione condizionale del tipo

   variabile = (condizione) ? valore se vera : valore se falsa;

Esempio di caricamento dei dati dei proprietari

```
List<Proprietario> elenco = new List<Proprietario>();
string query = @"SELECT * FROM PROPRIETARI
            ORDER BY CodiceFiscale";
MySqlCommand cmd = new MySqlCommand(query, con);
MySqlDataReader reader = cmd.ExecuteReader();
while (reader.Read())
{
    Proprietario p = new Proprietario();
    p.CodiceFiscale = (string) reader["CodiceFiscale"];
    p.Nome = (reader["Nome"] is DBNull) ?
                    "" : (string) reader["Nome"];
    p.CittàResidenza = (reader["CittàResidenza"] is DBNull) ?
                    "" : (string) reader["CittàResidenza"];
    p.DataPatente = (reader["DataPatente"] is DBNull) ?
```

```
                        null : (DateTime) reader["DataPatente"];
   elenco.Add(p);
}
```

👉 Il tipo DateTime non ammette valori null, pertanto si deve modificare la dichiarazione del tipo nella classe Proprietario in DateTime? che consiste in un **Nullable DateTime**.

```
public class Proprietario
{
   public string CodiceFiscale {get; set;}
   public string Nome {get; set;}
   public string CittàResidenza {get; set;}
   public DateTime? DataPatente {get; set;}  // nullable DateTime
}
```

In alternativa, si possono dichiarare come nullable tutti i tipi degli attributi corrispondenti a campi che potrebbero assumere un valore NULL.

```
public class Proprietario
{
   public string CodiceFiscale {get; set;}
   public string? Nome {get; set;}
   public string? CittàResidenza {get; set;}
   public DateTime? DataPatente {get; set;}
}
```

Così facendo, non c'è più bisogno di effettuare il controllo in lettura sulla presenza di eventuali valori DBNull.

Il DataAdapter

Per facilitare il lavoro del programmatore nell'effettuare la presentazione all'utente e la manipolazione di dati tabellari mediante un apposito controllo dell'interfaccia grafica, come il DataGridView di Windows Forms, è prevista la classe MySqlDataAdapter, da usare in combinazione con la classe DataTable (che si trova in System.Data).
Un MySqlDataAdapter consente di mettere il risultato di una query in un oggetto contenitore di tipo DataTable.

Il DataTable mantiene in memoria una copia dei dati estratti dal database e consente anche di gestirne gli aggiornamenti. A tal fine, esso mantiene informazioni sullo stato delle righe (RowState) in modo da tenere traccia delle modifiche effettuate dall'utente. Gli stati sono Unchanged, Added, Modified e Deleted. Per i dati modificati si mantiene anche il valore originario.
Esempio, metodo per il recupero dei proprietari

```
// using MySql.Data.MySqlClient;
// using System.Data
// class GestioneProprietari

public DataTable RecuperaProprietari()
{
   using MySqlConnection con =
      new MySqlConnection(StringaDiConnessione);
   //con.Open();   // non occorre
   string query = @"SELECT * FROM Proprietari
               ORDER BY CodiceFiscale";
   MySqlDataAdapter adapter = new MySqlDataAdapter(query, con);
   DataTable t = new DataTable();
   // l'adapter riempie il datatable con i dati ottenuti
   // dalla query
   adapter.Fill(t);
   return t;
}
```

Il DataAdapter ha le proprietà UpdateCommand, InsertCommand e DeleteCommand che consentono di impostare le query da applicare per le righe del DataTable che sono state, rispettivamente, modificate, aggiunte o cancellate.
Il metodo Update() applica gli aggiornamenti ai dati. Esso, sostanzialmente, scansiona le righe del DataTable e nel caso in cui una riga sia marcata come modificata, aggiunta oppure cancellata, rispetto ai dati originari, esso esegue la corrispondente query di aggiornamento del database.
Poiché si possono generare errori run-time a seguito di violazione di vincoli sui dati inseriti o modificati, è opportuno intercettare tali errori e restituire il relativo messaggio di errore.
Il metodo AggiornaProprietari effettua questo lavoro di aggiornamento a seguito di manipolazioni sui dati operate dall'utente mediante il controllo grafico

```
// using MySql.Data.MySqlClient;
// using System.Data
```

```csharp
// class GestioneProprietari

// restituisce l'eventuale messaggio di errore
public string AggiornaProprietari(DataTable table)
{
    string messaggio = "ok";
    using MySqlConnection con =
        new MySqlConnection(StringaDiConnessione);
    MySqlDataAdapter adapter = new MySqlDataAdapter();

    string queryUpdate = @"UPDATE Proprietari
        SET Nome = @nome, CittàResidenza = @cittàresidenza,
        DataPatente = @datapatente
        WHERE CodiceFiscale = @codicefiscale";
    adapter.UpdateCommand = con.CreateCommand();
    adapter.UpdateCommand.CommandText = queryUpdate;
    // oppure
    // adapter.UpdateCommand = new MySqlCommand(queryUpdate, con);
    // I valori dei parametri della suddetta query
    // derivano dalle colonne del datatable, che hanno lo stesso
    // nome dei campi della tabella del database
    // e il cui tipo deve essere opportunamente specificato
    // indicando anche la sua dimensione in byte
    // per gli interi il tipo è MySqlDbType.Int32, 4 byte
    // per MySqlDbType.DateTime la lunghezza è 8 byte
    adapter.UpdateCommand.Parameters.Add("@codicefiscale",
        MySqlDbType.String, 16, "CodiceFiscale");
    adapter.UpdateCommand.Parameters.Add("@nome",
        MySqlDbType.VarString, 100, "Nome");
    adapter.UpdateCommand.Parameters.Add("@cittàresidenza",
        MySqlDbType.VarString, 100, "CittàResidenza");
    adapter.UpdateCommand.Parameters.Add("@datapatente",
        MySqlDbType.Date, 8, "DataPatente");

    string queryInsert = @"INSERT INTO Proprietari(CodiceFiscale,
        Nome, CittàResidenza, DataPatente)
        VALUES(@codicefiscale, @nome, @cittàresidenza,
        @datapatente)";
    adapter.InsertCommand = con.CreateCommand();
    adapter.InsertCommand.CommandText = queryInsert;
    // oppure
    // adapter.InsertCommand = new MySqlCommand(queryInsert, con);
    adapter.InsertCommand.Parameters.Add("@codicefiscale",
        MySqlDbType.String, 16, "CodiceFiscale");
    adapter.InsertCommand.Parameters.Add("@nome",
        MySqlDbType.VarString, 100 ,"Nome");
```

```
    adapter.InsertCommand.Parameters.Add("@cittàresidenza",
       MySqlDbType.VarString, 100, "CittàResidenza");
    adapter.InsertCommand.Parameters.Add("@datapatente",
       MySqlDbType.Date, 8, "DataPatente");

    string queryDelete = @"DELETE FROM Proprietari
       WHERE CodiceFiscale = @codicefiscale";
    adapter.DeleteCommand = con.CreateCommand();
    adapter.DeleteCommand.CommandText = queryDelete;
    // oppure
    // adapter.DeleteCommand = new MySqlCommand(queryDelete, con);
    adapter.DeleteCommand.Parameters.Add("@codicefiscale",
       MySqlDbType.String, 16, "CodiceFiscale");

    try { adapter.Update(table); }
    catch (MySqlException ex) { messaggio = ex.Message; }
    return messaggio;
}
```

Per effettuare un test si scrive il metodo Main che carica un DataTable con i dati dei proprietari e poi effettua una modifica al record numero 0, cancella il record numero 1 e aggiunge un nuovo record

Program.cs
```
using System.Data;   // per il DataTable

// metodo Main()

GestioneProprietari g = new GestioneProprietari()
DataTable table = g.RecuperaProprietari();

// modifica il nome del record 0
DataRow row = table.Rows[0];
row["Nome"] = "Rossi Osvaldo";   // ==> RowState = Modified
// contrassegna da eliminare il record 1
DataRow row1 = table.Rows[1];
row1.Delete();    // ==> RowState = Deleted
// aggiunge un nuovo record
DataRow newRow = table.NewRow();
// assegna i valori alle colonne
newRow["CodiceFiscale"] = "YYY444";
newRow["Nome"] = " Bianchi Eugenio";
newRow["CittàResidenza"] = "Treviso";
newRow["DataPatente"] = Convert.ToDateTime("2009-09-09");
// ==> finora la riga risulta Detached
```

```
// Aggiunge la riga alla tabella
table.Rows.Add(newRow);   // ==> RowState = Added

// chiama il metodo che aggiorna il database
string msg = g.AggiornaProprietari(table);
Console.WriteLine(msg);
```

Nella pratica, queste operazioni di modifica, cancellazione e inserimento dei record vengono effettuate automaticamente dal controllo grafico, a seguito delle manipolazioni effettuate dall'utente sul DataGridView.

Un DataGridView per i proprietari

Sarà necessario solo comandare con un pulsante la registrazione delle modifiche nel database.

```
private void buttonSalvaModifiche_Click(object sender, EventArgs e)
{
  DataTable table = dataGridView.DataSource as DataTable;
  string msg = g.AggiornaProprietari(table);
  label.Text = msg;
}

private void buttonCaricaDati_Click(object sender, EventArgs e)
{
  dataGridView.DataSource = null;  // svuota il datagrid
  dataGridView.DataSource = RecuperaProprietari();
  // imposta la colonna del codice fiscale di sola lettura
```

        dataGridView.Columns[0].ReadOnly = true;
}

Approfondimento: gestire diverse fonti di dati

Per consentire una gestione più flessibile della fonte dei dati, conviene definire delle interfacce (classi astratte senza attributi e con solo metodi astratti) come IGestioneProprietari e IGestioneAutomobili con i metodi CRUD astratti.
Si possono poi definire le classi concrete GestioneProprietari e GestioneAutomobili che implementano tali metodi utilizzando un DBMS come fonte dati, e anche altre classi concrete come GestioneProprietariXML e GestioneAutomobiliXML che implementano tali metodi utilizzando come fonti dati dei file XML, e anche classi concrete come GestioneProprietariFake e GestioneAutomobiliFake che fingono di recuperare dati da un database e che invece restituiscono dei dati fissi. Queste ultime possono essere utilizzate per realizzare rapidamente dei **prototipi** di una applicazione gestionale.

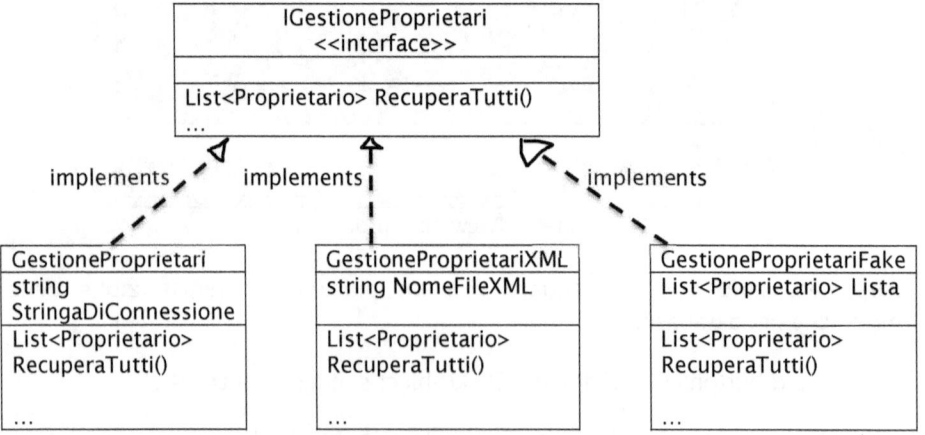

In questo modo risulta immediato passare da una fonte dati ad un'altra modificando una sola riga del programma:

IGestioneProprietari g = new GestioneProprietari();

// oppure
IGestioneProprietari g = new GestioneProprietariXML();

```
// oppure
IGestioneProprietari g = new GestioneProprietarFake();
```

L'istruzione per richiamare il metodo RecuperaTutti() per ottenere l'elenco dei proprietari dalla fonte dati impostata in precedenza è sempre la stessa:

```
List<Proprietario> elenco = g.RecuperaTutti();
```

Transazioni

Una transazione per un database è una "sequenza di operazioni di lettura e modifica dei dati" che deve essere trattata in modo unitario, nel senso che la sua esecuzione non deve essere interrotta e deve concludersi con un successo (COMMIT) oppure con il suo integrale annullamento (ROLLBACK).
Ogni singola istruzione SQL è considerata una transazione.
Se una istruzione SQL attiva un TRIGGER, l'insieme dell'istruzione SQL più il TRIGGER attivato costituisce automaticamente una transazione.
Se si vuole realizzare una transazione costituita da più istruzioni SQL si deve inserire nel codice applicativo una apposita istruzione BeginTransaction che verrà poi terminata da Commit oppure, in caso di fallimento, da Rollback.
In un metodo CRUD si crea un oggetto di tipo MySqlTransaction associato alla connessione, a cui vengono associate anche le varie query da eseguire. In caso di fallimento della transazione viene automaticamente avviato il Rollback.

```
// esempio di transazione costituita da due UPDATE
using MySqlConnection con =
    new MySqlConnection(StringaDiConnessione);
con.Open();
MySqlTransaction transaction = con.BeginTransaction();
string query1 = "UPDATE ......";
string query2 = "UPDATE ......";
MySqlCommand cmd1 = new MySqlCommand(query1, con, transaction);
MySqlCommand cmd2 = new MySqlCommand(query2, con, transaction);
try{
    cmd1.ExecuteNonQuery();
    cmd2.ExecuteNonQuery();
    transaction.Commit();
}
catch (Exception ex)
{
```

```
        Console.WriteLine(ex.Message);
        transaction.Rollback();  // viene eseguita automaticamente
}
```

ESEMPIO: Transazione di prenotazione di un volo aereo

Il database "alitalia" contiene le tabelle dei voli e delle prenotazioni

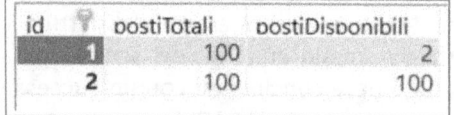

dove il campo riepilogativo postiDisponibili ha il vincolo

CHECK (postiDisponibili >= 0)

Le istruzioni SQL per effettuare una prenotazione costituiscono la seguente transazione

```
START TRANSACTION;

INSERT INTO Prenotazioni(idVolo, nome)
VALUES (1, "bianchi");

UPDATE Voli
SET postiDisponibili = postiDisponibili - 1
WHERE id = 1;

COMMIT;
```

Il corrispondente metodo in C# è il seguente

```csharp
public string InserisciPrenotazione(int idvolo, string nome)
{
    string messaggio = "";
    using MySqlConnection con =
        new MySqlConnection(StringaDiConnessione);
```

```
   con.Open();

   MySqlTransaction tr = con.BeginTransaction();

   string query1 = @"INSERT INTO Prenotazioni(idVolo, nome)
                     VALUES (@idvolo, @nome)";
   MySqlCommand com1 = new MySqlCommand(query1, con, tr);
   com1.Parameters.AddWithValue("@idvolo", idvolo);
   com1.Parameters.AddWithValue("@nome", nome);

   string query2 = @"UPDATE Voli
                     SET postiDisponibili = postiDisponibili - 1
                     WHERE id = @idvolo";
   MySqlCommand com2 = new MySqlCommand(query2, con, tr);
   com2.Parameters.AddWithValue("@idvolo", idvolo);

   try
   {
      com1.ExecuteNonQuery();
      com2.ExecuteNonQuery();
      tr.Commit();
      messaggio = "Prenotazione effettuata";
   }
   catch (MySqlException e)
   {
      messaggio = e.Message;
      tr.Rollback();
   }
   return messaggio;
}
```

10.2 Uso di un framework ORM

L'uso di un framework ORM consente di semplificare notevolmente il lavoro dello sviluppatore di software perchè non si dovranno più scrivere i metodi CRUD e addirittura le classi DTO possono essere create in modo automatico.
Il framework ORM che ha fatto scuola è Hibernate (per Java), che ha la versione per C# chiamata Nhibernate.
La Microsoft aveva inizialmente sviluppato un ORM di nome Entity Framework che, dalla versione 6, è stato trasformato in un progetto software open source.
L'ultima versione di Entity Framework è la EF Core 7.

Si deve installare un Database Provider per MySQL, come **MySql.EntityFrameworkCore**, cercandolo tra i pacchetti NuGet.

Con Entity Framework viene creato un **Entity Data Model** (EDM) associato al database di interesse. Esso è costituito da una serie di classi DTO che rappresentano le tabelle del database.
Si tratta di classi POCO (Plain Old CLR Object) ovvero di semplici classi "normali" del tutto ignare dell'esistenza del database e del problema della persistenza degli oggetti (persistance ignorance).

In questo caso si creano le classi Proprietario e Automobile, corredate delle "navigation property" per consentire la navigazione in memoria tra gli oggetti che rappresentano i dati del database.

```
public class Proprietario
{
    // una property per ogni attributo
    [Key]
    public string CodiceFiscale {get; set;}
    public string Nome {get; set;}
    public string CittàResidenza {get; set;}
    public DateTime DataPatente {get; set;}
    // navigation property
    ICollection<Automobile> Automobili {get; set;} = new()
}
```

```
public class Automobile
{
```

```
   [Key]
   string Targa {get; set; }
   public string Modello {get; set;}
   public int Cilindrata {get; set;}
   [ForeignKey("Proprietario")]
   public string CodiceProprietario {get; set;}
   // navigation property
   public Proprietario Proprietario {get; set; }
}
```

GlobalUsing.cs

```
// per poter usare le annotazioni   [Key] e [ForeignKey]
global using System.ComponentModel.DataAnnotations;
global using System.ComponentModel.DataAnnotations.Schema;
```

Con EF Core 7 si può avere un solo attributo con la annotazione [Key], mentre con la versione EF6 ci potevano essere più attributi annotati con [Key] per indicare una chiave primaria composta, specificandone l'ordine: [Key, Column(Order = 0)], [Key, Column(Order = 1)].

Con EF Core 7 è stato introdotto l'attributo [PrimaryKey] per le tabelle che hanno la chiave primaria composta da due o più attributi. Ad esempio, la tabella Interpretazioni dei film ha la chiave primaria composta dalla coppia di campi FilmID e AttoreID, che singolarmente fungono da chiavi esterne:

```
using Microsoft.EntityFrameworkCore;

[PrimaryKey ("FilmID", "AttoreID")]
public class Interpretazioni
{
   public string FilmID {get; set;}
   public string AttoreID {get; set;}
   public string Ruolo {get; set;}
   // navigation properties
   public Film Film {get; set;}
   public Attore Attore {get; set;}
}
```

Si ricorda che i tipi di dati usati dal DB sono diversi da quelli del C#.
Le corrispondenze sono:

CHAR(n), VARCHAR(n) e TEXT con string,
INT con int,
NUMERIC(n,d) e DECIMAL(n,d) con Decimal,

FLOAT e DOUBLE con double,
DATE, TIME, DATETIME con DateTime

Diagramma delle classi UML

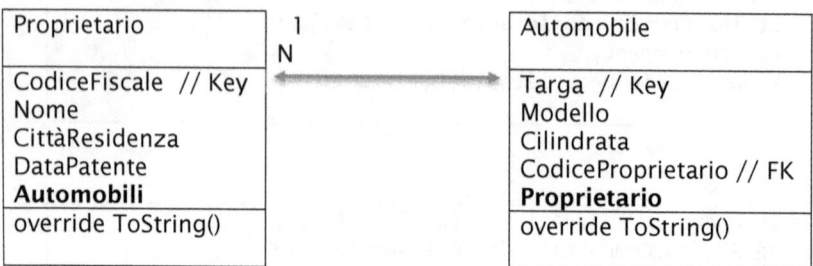

Proprietario		Automobile
CodiceFiscale // Key Nome CittàResidenza DataPatente **Automobili** override ToString()	1 N	Targa // Key Modello Cilindrata CodiceProprietario // FK **Proprietario** override ToString()

Non è detto che i riferimenti Automobili e Proprietario siano necessari: si potrebbe evitare di metterli o lasciarli con valore null e di conseguenza non avere la possibilità di navigare tra gli oggetti.

☞ Mentre nel database la navigazione tra le tabelle e' sempre bidirezionale e si avvale dei valori della chiave esterna e della chiave primaria delle tabelle collegate, nella programmazione ad oggetti, invece la navigazione è direzionale ed è consentita dalla presenza esplicita in una classe di un riferimento, o puntatore, ad un oggetto di un'altra classe.

Configurazione vs Convenzione

In generale, i "framework" per poter essere utilizzati richiedono un certo lavoro di configurazione e/o il rispetto di alcune convenzioni.
Con Entity Framework si devono specificare gli attributi che fungono da "chiave primaria" e da "chiave esterna" nelle corrispondenti tabelle.
Se si ha la possibilità di creare le tabelle del database, allora conviene rispettare le convenzioni sui nomi per evitare di ricorrere alle annotazioni viste in precedenza: si tratta di dare alla chiave primaria il nome ID e alla chiave esterna il nome *TabellaDiRiferimento*ID.
Con queste convenzioni, le classi Proprietario e Automobile sarebbero le seguenti

```
public class Proprietario // con nomi convenzionali
{
   public string ID {get; set;} // CodiceFiscale
   public string Nome {get; set;}
   public string CittàResidenza {get; set;}
   public DateTime DataPatente {get; set;}
   // navigation property
   ICollection<Automobile> Automobili {get; set;} = new()
}
```

```
public class Automobile // con nomi convenzionali
{
   string ID {get; set; }    // Targa
   public string Modello {get; set;}
   public int Cilindrata {get; set;}
   public string ProprietarioID {get; set;}
   // navigation property
   public Proprietario Proprietario {get; set; }
}
```

Si deve, inoltre, creare una classe che rappresenta il "contesto" (derivata da DbContext) a cui sono associate le classi che rappresentano le diverse collezioni di oggetti (DbSet) estratti dalle tabelle del database.

Ad esempio, nel contesto del database PRA ci saranno due DbSet di nome Proprietari e Automobili che conterranno, rispettivamente, una collezione di oggetti di tipo Proprietario e di tipo Automobile.

```
using System;
using Microsoft.EntityFrameworkCore;
using MySql.EntityFrameworkCore;
using Microsoft.Extensions.Configuration;

// sono stati aggiunti i pacchetti NuGET
// MySql.EntityFrameworkCore
// Microsoft.Extensions.Configuration;
// Microsoft.Extensions.Configuration.Json;

public class PraContext : DbContext
{
   public DbSet<Proprietario> Proprietari { get; set; }
   public DbSet<Automobile> Automobili { get; set; }

   protected override void OnConfiguring(DbContextOptionsBuilder
                                         options)
   {
```

```
        /*
        // alternativa in assenza del file appsettings.json
        string connectionString =
"server=localhost;port=3306;database=PRA;user=root;password=root"
        */
        // il file appsettings.json deve essere copiato
        // nella directory di output:
        // fare click destro -> proprietà -> copia sempre
        IconfigurationRoot config = new ConfigurationBuilder()
                        .AddJsonFile("appsettings.json").Build();
        string connectionstring =config["ConnectionStrings:Pra"];

        options.UseMySQL(connectionString);
        // The following three options help with debugging,
        // but should
        // be changed or removed for production.
                //.LogTo(Console.WriteLine)
                //.EnableSensitiveDataLogging()
                //.EnableDetailedErrors();
    }

    protected override void OnModelCreating(ModelBuilder
                                                    modelBuilder)
    {
        // per evitare la convenzione che prevede che i nomi
        // delle tabelle siano al plurale con la s finale
        // ovvero Proprietarios e Automobiles
        modelBuilder.Entity<Proprietario>().ToTable("Proprietari");
        modelBuilder.Entity<Automobile>().ToTable("Automobili");
    }
}
```

appsettings.json
```
{
  "ConnectionStrings": { "Pra": "server=localhost;port=3306;
                    database=PRA;user=root;password=root" }
}
```

La classe che rappresenta il "contesto" è la classe più importante quando si lavora con Entity Framework.
Essa rappresenta una sessione di lavoro con il database (**UnitOfWork**) e tutte le modifiche ai dati effettuate al suo interno vengono automaticamente considerate come una unica "transazione" di aggiornamento.

Per interrogare il database si utilizzano le funzioni di LINQ to Entities.

Ad esempio, per consultare l'elenco di tutti i proprietari basta scrivere una sola istruzione

using (PraContext context = new PraContext())
{ List<Proprietario> elenco = context.Proprietari.ToList(); }
con C# 8 è stata introdotta la "using declaration" che semplifica un po' la sintassi, eliminando le parentesi

using PraContext context = new PraContext();
List<Proprietario> elenco = context.Proprietari.ToList();

Non è più necessario scrivere una classe contenente i metodi CRUD, ma si utilizzano direttamente le suddette istruzioni quando necessario.

Esiste anche una **query syntax** (che ricorda la sintassi di SQL) che consente di ottenere il medesimo risultato scrivendo

List<Proprietario> elenco = (from p in context.Proprietari
                select p).ToList();

con un semplice ciclo si possono scrivere su console i dati dei proprietari

foreach (Proprietario p in elenco)
{ Console.WriteLine(p.ID + " " + p.Nome + " " + p.CittàResidenza +
" " + p.DataPatente); }

Per avere i dati dei proprietari in ordine di Nome si aggiunge OrderBy()

List<Proprietario> elenco = context.Proprietari
                .OrderBy(x => x.Nome).ToList();

☛ **La query viene eseguita solo quando si utilizzano i dati:** in pratica quando si fa ToList(), oppure un foreach, oppure si fanno dei calcoli come Sum, Count. Nel frattempo si produce un oggetto di tipo IQueryable che rappresenta la query in corso di impostazione.

IQueryable<Proprietario> query = context.Proprietari
                .OrderBy(x => x.Nome);
List<Proprietario> elenco = query.ToList();

Per avere i dati filtrati in base all'anno della patente

var elenco = context.Proprietari
        .Where(x => x.DataPatente.Year == 2000)
        .OrderBy(x => x.Nome).ToList();

Roberto Bandiera BASI DI DATI

che con la query syntax si scrive

var elenco = (from p in context.Proprietari
         where p.DataPatente.Year == 2000
         orderby p.Nome
         select p).ToList();

Per avere ID e Nome dei suddetti proprietari, si aggiunge una Select() che produce un oggetto di tipo anonimo con gli attributi specificati

var elenco = context.Proprietari
         .Where(x => x.DataPatente.Year == 2000)
         .OrderBy(x => x.Nome)
         .Select(x => new {ID = x.ID, Nome = x.Nome}).ToList();

// query syntax
var elenco = (from p in context.Proprietari
         where p.DataPatente.Year == 2000
         orderby p.Nome
         select new {ID = p.ID, Nome = p.Nome}).ToList();

Per effettuare una ricerca basata sulla chiave primaria si può usare Find()

Proprietario p = context.Proprietari.Find("ABC77");

oppure si può usare SingleOrDefault()

Proprietario p = context.Proprietari.SingleOrDefault(x => x.ID = "ABC77");

si ottiene l'oggetto desiderato o null se esso non esiste.

Per ottenere dati provenienti da due tabelle si utilizza la funzione **Include(*navigation property*)** che effettua un'operazione di JOIN con la tabella corrispondente alla navigation property.
Ad esempio, per recuperare i dati dei proprietari, in ordine alfabetico, con le loro automobili si scrive

List<Proprietario> elenco = context.Proprietari
         .Include(x => x.Automobili)
         .OrderBy(x => x.Nome).ToList();

Con EF 6 la sintassi era Include("Automobili").
Si tratta del cosiddetto caricamento immediato dei dati della navigation property ("eager loading"). In EF 6 invece, per default, veniva applicato il caricamento differito ("lazy loading") che consentiva di accedere alla proprietà di navigazione senza specificare Include().

Il caricamento immediato risulta più efficiente perché con un'unica query si ottengono tutti i dati delle due tabelle, invece con il caricamento differito vengono effettuate n query, una per ciascuna proprietario.

Esempi di interrogazioni che coinvolgono le due tabelle Proprietari e Automobili
1) recuperare i dati dei proprietari che possiedono una Toyota Yaris, in ordine alfabetico, con i dati di tutte le loro automobili

List<Proprietario> elenco = context.Proprietari
    .Include(x => x.Automobili)
    .Where(x => x.Automobili.Any(a => a.Modello == "Toyota Yaris"))
    .OrderBy(x => x.Nome).ToList();

che esegue la seguente query

SELECT p.ID, p.Nome, p.CittàResidenza, p.DataPatente, a.ID, a.Modello, a.Cilindrata, a.ProprietarioID
    FROM Proprietari AS p
    LEFT JOIN Automobili AS a
    ON p.ID = a.ProprieatarioID
    WHERE EXISTS (
        SELECT 1
        FROM Automobili AS a0
        WHERE p.ID = a0.ProprietarioID AND a0.Modello = "Toyota Yaris")
    ORDER BY p.Nome ASC

2) recuperare i dati dei proprietari che possiedono una Toyota Yaris, in ordine alfabetico, unitamente ai dati della loro Toyota Yaris, utilizzando una "**Filtered Include**"

List<Proprietario> elenco = context.Proprietari
    .Include(x => x.Automobili.Where(a => a.Modello == "Toyota Yaris"))
    .OrderBy(x => x.Nome).ToList();

che esegue la seguente query

SELECT p.ID, p.Nome, p.CittàResidenza, p.DataPatente, t.ID, t.Modello, t.Cilindrata, t.ProprietarioID
    FROM Proprietari AS p
    LEFT JOIN
    (SELECT a.ID, a.Modello, a.Cilindrata, a.ProprietarioID
      FROM Automobili AS a
      WHERE a.Modello = "Toyota Yaris")
) AS t ON p.ID = t.ProprietarioID
    ORDER BY p.Nome ASC

3) recuperare i dati delle Toyota Yaris, con i loro proprietari, in ordine di targa (campo ID)

```
List<Automobile> elenco = db.Automobili.Include(x => x.Proprietario)
        .Where(x => x.Modello == "Toyota Yaris")
        .OrderBy(x => x.ID).ToList();
```
che produce la seguente query

```
SELECT a.ID, a.Modello, a.Cilindrata, a.ProprietarioID, p.ID, p.Nome,
p.CittàResidenza, p.DataPatente
    FROM Automobili AS a
    INNER JOIN Proprietari AS p ON a.ProprietarioID = p.ID
    WHERE a.Modello = "Toyota Yaris"
    ORDER BY a.ID ASC
```
Con la query syntax, la suddetta query SQL viene espressa nel seguente modo

```
List<Automobile> elenco = (from a in db.Automobili
        join p in db.Proprietari
        on a.ProprietarioID equals p.ID
        where a.Modello == "Toyota Yaris"
        orderby a.ID
        select a)
        .ToList();
```

variante che restituisce una lista contenente oggetti di tipo anonimo

```
List<dynamic> elenco = (from a in db.Automobili
        join p in db.Proprietari
        on a.ProprietarioID equals p.ID
        where a.Modello == "Toyota Yaris"
        orderby a.ID
select new {a.ID, a.Modello, a.Cilindrata, a.ProprietarioID, p.ID, p.Nome,
p.CittàResidenza, p.DataPatente}).ToList<dynamic>();
```

Si possono fare query di sintesi utilizzando le funzioni Count(), Sum(), Min(), Max(), Average().

```
int cilindrataMassima = db.Automobili.Max(x => x.Cilindrata);

int contaToyota = db.Automobili
            .Where(x => x.Modello.StartsWith("Toyota")).Count();

var statistica = db.Automobili
            .GroupBy(x => x.Modello)
            .Select(x => new { Modello = x.Key, Cont = x.Count() })
            .OrderByDescending(x => x.Cont)
            .ToList();
```

che corrisponde alla seguente, usando la query syntax

var statistica = (from a in db.Automobili
          group a by a.Modello into g
          orderby g.Count() descending
          select new { Modello = g.Key, Cont = g.Count() }).ToList();

Per aggiornare i dati si utilizzano le funzioni Add() e Remove().

La modifica avviene sui dati in memoria RAM e viene salvata nel database con la funzione SaveChanges().

Esempio di inserimento di un nuovo proprietario, con una nuova auto

using var context = new PraContext();

Proprietario p = new Proprietario();
p.CodiceFiscale = "ZZZ33";
p.Nome = "Rossi Ugo";
p.CittàResidenza="Verona";
p.DataPatente = Convert.ToDateTime("2003-04-24");

Automobile a = new Automobile();
a.Targa = "1234";
a.Modello = "Fiat Panda";
a.Cilindrata = 900;
a.Proprietario = p;

context.Proprietari.Add(p);
try { context.SaveChanges(); }
catch (DbUpdateException dbe)
{ Console.WriteLine(dbe.InnerException.Message); }

☛ L'assegnazione del valore della chiave esterna di Automobile può essere fatto in modo esplicito con a.ProprietarioID = "ZZZ33" oppure, secondo la logica ad oggetti, assegnando la proprietà di navigazione a.Proprietario = p o anche p.Automobili.Add(a).

Si ricorda che il contesto rappresenta una UnitOfWork, pertanto è sufficiente che una sola delle operazioni di aggiornamento fallisca (ad esempio per una violazione dei vincoli di chiave primaria o di chiave esterna), affinchè tutte vengano annullate: viene effettuato un Rollback automatico.

Esempio di modifica della città di residenza di Rossi Ugo, conoscendone il codice fiscale

```
using var context = new PraContext();

Proprietario p = context.Proprietari.Find("ZZZ33");
p.CittàResidenza = "Treviso"; // nuova città

try { context.SaveChanges(); }
catch (DbUpdateException dbe)
{ Console.WriteLine(dbe.InnerException.Message); }
```

Esempio di cancellazione dell'auto con targa 1234

```
using var context = new PraContext();

Automobile a = context.Automobili.Find("1234");

context.Automobili.Remove(a);
try { context.SaveChanges(); }
catch (DbUpdateException dbe)
{ Console.WriteLine(dbe.InnerException.Message); }
```

Valori NULL

In EF Core si verifica un errore run-time se si incontrano nel database valori NULL da assegnare ad attributi di un tipo non-nullable.
Pertanto, se nel database i campi non sono dichiarati NOT NULL ed effettivamente è possibile la presenza di valori NULL, risulta necessario dichiarare i tipi degli attributi corrispondenti in modo che accettino anche valori null: ad esempio string? piuttosto che string, DateTime? piuttosto che DateTime, int? piuttosto che int.
Ad esempio la dichiarazione della classe Proprietario diventa la seguente

```
public class Proprietario
{
   public string ID {get; set;} // CodiceFiscale
   public string? Nome {get; set;}
   public string? CittàResidenza {get; set;}
   public DateTime? DataPatente {get; set;}
   // navigation property
   ICollection<Automobile> Automobili {get; set;} = new()
}
```

Caching e Change Tracking

I software ORM si occupano anche di gestire in modo affidabile il mantenimento in memoria RAM di una copia dei dati del database, con l'accortezza di marcarla come "non valida" non appena venga effettuato un qualche aggiornamento dei dati.
Pertanto, nell'ambito del DbContext corrente, i dati recuperati dal database vengono mantenuti in RAM in ciascun DbSet, sottoforma di collezioni di oggetti.
Ai record recuperati dal database viene associato uno "stato" (EntityState) che può risultare Unchanged, Added, Modified o Deleted. Inoltre, per i record modificati devono essere memorizzati il valore originale e quello successivo alla loro modifica.
Questo meccanismo di caching in RAM dei dati prelevati dal database agisce nell'ambito di una istanza dell'oggetto DbContext; pertanto, se si crea un nuovo oggetto DbContext, non si avranno a disposizione i dati prelevati da un precedente DbContext e quindi si avrà un nuovo caricamento di dati dal database.
Tuttavia la gestione del caching e il tracciamento delle modifiche (change tracking) costituiscono un lavoro piuttosto gravoso per l'applicazione, che talvolta non risulta necessario.
Per evitare questo lavoro di gestione del caching e del change tracking si deve applicare a ciascun DbSet l'istruzione **AsNoTracking()**.

var dati = context.Proprietari.AsNoTracking().ToList();

Oltretutto, il caching produce dei risultati inattesi quando si fanno query utilizzando un "filtered include".
Ad esempio, si voglio recuperare separatamente i proprietari che possiedono una Toyota Yaris e quelli che non la possiedono:

var query1 = context.Proprietari
   .Include(x => x.Automobili.Where(a => a.Modello == "Toyota Yaris"))
   .ToList();
var query2 = context.Proprietari
   .Include(x => x.Automobili.Where(a => a.Modello != "Toyota Yaris"))
   .ToList();

Al termine dell'esecuzione della seconda query, si ottiene per entrambe le query lo stesso risultato, ovvero tutti i proprietari con tutte i modelli di auto, sia Toyota Yaris che non.

Il motivo è che entrambe le query producono una lista contenente i riferimenti a tutti i proprietari (attuando un Left Join) e la prima riempie la navigation property Automobili con le auto che corrispondono alla prima condizione, mentre la seconda, vi aggiunge le auto che corrispondono alla seconda condizione.

Per evitare questa situazione indesiderata, si possono usare due distinti contesti, oppure usare la funzione AsNoTracking(), che costringe a ricaricare i dati richiesti direttamente dal database

```
List<Proprietari> query1 ;
List<Proprietari> query2 ;
using (var context1 = new PraContext())
{
    query1 = context1.Proprietari
    .Include(x => x.Automobili.Where(a => a.Modello == "Toyota Yaris"))
    .ToList();
}
using (var context2 = new PraContext())
{
    query2 = context2.Proprietari
    .Include(x => x.Automobili.Where(a => a.Modello != "Toyota Yaris"))
    .ToList();
}
```

oppure

```
using var context = new PraContext();
var query1 = context.Proprietari.AsNoTracking()
    .Include(x => x.Automobili.Where(a => a.Modello == "Toyota Yaris"))
    .ToList();
var query2 = context.Proprietari.AsNoTracking()
    .Include(x => x.Automobili.Where(a => a.Modello != "Toyota Yaris"))
    .ToList();
```

In definitiva, conviene utilizzare ripetutamente il seguente schema di lavoro:

1. Creazione di un nuovo contesto
2. Recupero dei dati di interesse
3. Eventuale modifica di dati con salvataggio
4. Chiusura ed eliminazione del contesto

con l'accorgimento che, se ci si limita ad un recupero di dati dal database, conviene applicare l'istruzione AsNoTracking() per rendere l'esecuzione delle query più veloce e al tempo stesso risparmiare spazio in memoria RAM.
Risulta invece necessario mantenere il "tracking" quando si ha l'intenzione di effettuare qualche aggiornamento o cancellazione di dati.

Approfondimento

Finora si è ragionato secondo la modalità di lavoro Model First (o Database First), ovvero dapprima si crea il database e poi le corrispondenti classi per accedervi.
Con Entity Framework è possibile anche agire al contrario, ovvero secondo la modalità Code First che consiste nel definire innanzitutto le classi che rappresentano gli oggetti dell'applicazione e successivamente creare in modo automatico il corrispondente database per gestire la persistenza di tali dati. A tal fine si deve installare il package `Microsoft.EntityFrameworkCore.Tools`

10.3 Uso di Dapper

Dapper è un "micro ORM" che effettua il mapping del risultato delle query SQL negli oggetti dell'applicazione.
Il package Dapper si installa mediante NuGet.

	Micro ORM	ORM
Map queries to objects	✓	✓
Caching results	✗	✓
Change tracking	✗ [1]	✓
SQL generation	✗ [2]	✓
Identity management	✗	✓
Association management	✗	✓
Lazy loading	✗	✓
Unit of work support	✗	✓
Database migrations	✗	✓

Dapper concentrates its efforts on the **O** and **M** of *ORM* - **O**bject **M**apping.

[1] Some extensions have been added to Dapper that provide the minimal change-tracking capability

[2] Dapper does generate SQL but in a limited fashion. Third-party libraries such as **Dapper Plus** can generate the full SQL for **insert**, **update**, and **delete** statements

      Confronto di funzionalità tra Micro ORM e ORM (da learndapper.com)

Dapper semplifica il lavoro del programmatore consentendo di recuperare i dati dal database scrivendo la query in linguaggio SQL.
Dapper evita il lavoro aggiuntivo svolto dagli ORM più complessi.

Si ripropone il database Pra con le tabelle Automobili e Proprietari.
Le classi che rappresentano i dati delle tabelle sono le seguenti

```
public class Automobile
{
public string Targa {get; set;}
public string Modello {get; set;}
public int Cilindrata {get; set;}
```

```
public string IDProprietario {get; set;}
// eventuale navigation property associata alla chiave esterna
public Proprietario Proprietario {get; set;}
}

public class Proprietario
{
public string CodiceFiscale {get; set;}
public string Nome {get; set;}
public string CittàResidenza {get; set;}
public DateTime? DataPatente {get; set;}
}
```

Non occorre specificare le chiavi primarie ed esterne.
Si possono eventualmente includere le proprietà di navigazione per sfruttare le query di JOIN.
Non ci sono convenzioni da rispettare sui nomi degli attributi.
Si può utilizzare il tipo DateTime anche in presenza di valori NULL nel database; in tale caso viene assegnata la data di default 01/01/0001.
Analogamente, per il tipo int, in presenza di valori NULL nel database, viene assegnato il valore 0.
Se si preferisce che venga assegnato il valore null piuttosto che i suddetti valori di default, si devono utilizzare le rispettive versioni nullable: DateTime? e int?.
La classe GestioneDati gestisce l'accesso ai dati del database. I metodi CRUD fanno uso del metodo Query della libreria Dapper.

Il metodo Query<Tipo>() produce una lista di oggetti come risultato di una query SQL

```
List<Studente> studenti = connection.Query<Studente>(sql).ToList();
```

```
using System;
using Dapper;
using MySql.Data.MySqlClient;

public class GestioneDati
{
    private string stringaConnessione;

    public GestioneDati()
```

```
    {   // in alternativa
        // si può usare un file di configurazione per recuperare
        // la stringa di connessione
        stringaConnessione =
        "server=localhost;user=root;password=root;database=Pra";
    }

    public List<Proprietario> RecuperaProprietari()
    {
        // apro una connessione al database
        // che si chiuderà in automatico
        using var con = new MySqlConnection(stringaConnessione);
        return con.Query<Studente>("SELECT *
                                    FROM Proprietari").ToList();
    }

    public List<Automobile> RecuperaAutomobili()
    {
        using var con = new MySqlConnection(stringaConnessione);
        return con.Query<Studente>("SELECT *
                                    FROM Automobili").ToList();
    }
```

Metodo che restituisce il risultato del JOIN tra Proprietari e Automobili sotto forma di lista di oggetti di tipo dynamic. Si usa il metodo Query() non tipizzato.

```
// class GestioneDati

    public List<dynamic> RecuperaAutomobiliConProprietari()
    {
        using var con = new MySqlConnection(stringaConnessione);
        return con.Query(@"SELECT Targa, Modello, Cilindrata,
                CodiceFiscale, Nome, CittàResidenza, DataPatente
                FROM Automobili INNER JOIN Proprietari
                ON IDProprietario = CodiceFiscale").ToList();
    }
```

Metodo che restituisce il risultato del JOIN tra Proprietari e Automobili sotto forma di lista di oggetti di tipo Automobile contenenti il Proprietario al loro interno, utilizzando la corrispondente navigation property.

Il metodo usato è Query<Automobile, Proprietario, Automobile>() dove i primi due tipi rappresentano i tipi dei dati estratti da ciascuna riga risultante dal JOIN e il terzo tipo, Automobile, indica il tipo di oggetti contenuti nel risultato.
Gli argomenti sono:

- la query SQL,
- la funzione che mappa nell'oggetto di tipo Automobile da produrre come risultato i due oggetti a e p di tipo, rispettivamente, Automobile e Proprietario, creati con i valori dei campi di ciascuna riga

    (a, p) => { a.Proprietario = p; return a; }

    ➔ in pratica si tratta di assegnare alla navigation property dell'automobile l'oggetto contenente il suo proprietario
- i parametri della query
- il criterio di "splitOn", ovvero il campo che delimita i campi facenti parte del primo oggetto da quelli del secondo oggetto: in questo caso si tratta del "CodiceFiscale", che è il primo campo dell'oggetto Proprietario.

```
// class GestioneDati

  public List<Automobile> ListaAutomobiliConProprietari()
  {
     using var con = new MySqlConnection(stringaConnessione);
     return con.Query<Automobile, Proprietario, Automobile>(
        @"SELECT Targa, Modello, Cilindrata, IDProprietario,
          CodiceFiscale, Nome, CittàResidenza, DataPatente
          FROM Automobili INNER JOIN Proprietari
          ON IDProprietario = CodiceFiscale",
          (a, p) => { a.Proprietario = p; return a; },
          param: null, splitOn: "CodiceFiscale").ToList();
  }
```

Metodo con una **query parametrica** che restituisce i proprietari che abitano in una determinata città.
Il metodo Query prevede come secondo parametro un oggetto anonimo contenente le associazioni *nomeparametro = valore* (separate da virgola)

```
// class GestioneDati

public List<Proprietario> RecuperaProprietariResidentiA(string città)
```

```
{
    using var con = new MySqlConnection(stringaConnessione);
    string sql = @"SELECT * FROM Proprietari
                WHERE CittàResidenza = @cittàresidenza";
    return con.Query<Proprietario>(sql,
                new {cittàresidenza = città}).ToList();
}
```

Metodo che restituisce il proprietario che ha un determinato codice fiscale.
Si fa uso di QuerySingleOrDefault() per recuperare il singolo oggetto risultante dalla query, o null se non trovato.

```
// class GestioneDati

    // restituisce null se non trovato
    public Proprietario RecuperaProprietario(string codicefiscale)
    {
        using var con = new MySqlConnection(stringaConnessione);
        string sql = @"SELECT * FROM Proprietari
                    WHERE CodiceFiscale = @codicefiscale";
        return con.QuerySingleOrDefault<Proprietario>(sql,
                new {codicefiscale = codicefiscale}).ToList();
    }
```

Metodi per inserire un proprietario e una automobile.
Si ricorda che, in generale, i campi chiave autoincrementanti vengono assegnati automaticamente dal DBMS e quindi non vengono esplicitati nell'istruzione INSERT.

```
// class GestioneDati

    // versione 1 con elenco parametri
    public bool InserisciProprietario(string codicefiscale,
        string nome, string cittàresidenza, DateTime datapatente)
    {
        using var con = new MySqlConnection(stringaConnessione);
        string query = @"INSERT INTO Proprietari(CodiceFiscale,
            Nome, CittàResidenza, DataPatente)
            VALUES (@codicefiscale, @nome, @cittàresidenza,
            @datapatente)";
        // I parametri della query sono un oggetto di tipo anonimo
        var param = new
```

```
        {
            codicefiscale = codicefiscale,
            nome = nome,
            cittàresidenza = cittàresidenza,
            datapatente = datapatente
        };
        bool esito;
        try
        {
            con.Execute(query, param);
            esito = true;
        }
        catch (MySqlException ex)
        { esito = false; }
        return esito;
    }

    // versione 2 con oggetto di tipo Proprietario
    // i nomi dei parametri della query devono corrispondere ai
    // nomi degli attributi dell'oggetto fornito in input
    public bool InserisciProprietario(Proprietario proprietario)
    {
        using var con = new MySqlConnection(stringaConnessione);
        string query = @"INSERT INTO Proprietari(CodiceFiscale,
            Nome, CittàResidenza, DataPatente)
            VALUES (@codicefiscale, @nome, @cittàresidenza,
            @datapatente)";
        try
        {
            con.Execute(query, proprietario);
            esito = true;
        }
        catch (MySqlException ex)
        { esito = false; }
        return esito;
    }

    // restituisce l'eventuale messaggio di errore
    public string InserisciAutomobile(string targa,
        string modello, int cilindrata, string idproprietario)
```

```
{
    using var con = new MySqlConnection(stringaConnessione);
    var query = @"INSERT INTO Automobili(Targa, Modello,
        Cilindrata, IdProprietario)
        VALUES(@targa, @modello, @cilindrata,
        @idproprietario)";
    string messaggio = "";
    try
    {
        con.Execute(query, new { targa = targa,
                            modello = modello,
                            cilindrata = cilindrata,
                            idproprietario = idproprietario });
    }
    catch (MySqlException ex)
    {
        messaggio = ex.Message;
    }
    return messaggio;
}
```

Le query di UPDATE e DELETE in Dapper vengono eseguite utilizzando il metodo Execute() in modo del tutto analogo alle query INSERT.

Per eseguire un test si scrive il seguente metodo Main()

```
// metodo Main()

GestioneDati g = new GestioneDati();

// recupero della lista di proprietari
List<Proprietatio> lista = g.RecuperaProprietari();

// stampa su console
foreach (Proprietario p in lista)
{
   Console.WriteLine(p.CodiceFiscale + " " + p.Nome + " " +
                     p.CittàResidenza);
}

// inserimento di un nuovo proprietario
Proprietario p = new Proprietario() {
   CodiceFiscale = "ABC123",
```

```
   Nome = "Rossi Mario",
   CittàResidenza = "Treviso",
   DataPatente = Convert.ToDateTime("2004-04-24")
};

bool esito = g.InserisciProprietario(p);
Console.WriteLine("Esito inserimento = " + esito);
```

Dapper.Transaction

Le transazioni in Dapper richiedono l'installazione del pacchetto Dapper.Transaction che contiene i metodi di estensione per la classe MySqlTransaction.
Il seguente esempio mostra un metodo con una transazione che effettua l'inserimento di un proprietario e della sua automobile.

```
using Dapper;
using Dapper.Transaction;
using MySql.Data.MySqlClient;

public class GestioneDati
{
   public string stringaConnessione;

   // il costruttore assegna il valore alla stringa di connessione

   // esempio di transazione
   public bool InserisciAutoConProprietario(Automobile auto,
               Proprietario proprietario)
   {
      using var con = new MySqlConnection(stringaConnessione);
      // per usare le transazioni si deve aprire la connessione
      con.Open();

      var query1 = @"INSERT INTO Proprietari(CodiceFiscale, Nome,
      CittàResidenza, DataPatente)
      VALUES (@codicefiscale, @nome, @cittàresidenza,
      @datapatente)";
```

```
        var query2 = @"INSERT INTO Automobili(Targa, Modello,
        Cilindrata, IdProprietario)
        VALUES(@targa, @modello, @cilindrata, @idproprietario)";

        // transaction è di tipo MySqlTransaction
        var transaction = con.BeginTransaction())

        bool esito;
        try{
           transaction.Execute(query2, proprietario);
           transaction.Execute(query2, proprietario);
           transaction.Commit();
           esito = true;
        }
        catch(MySqlException ex)
        {
           transaction.Rollback();
           esito = false;
        }
        return esito;
    }
}
```

Nel package Dapper.Transaction la classe MySqlTransaction viene estesa con l'aggiunta dei metodi Execute(), Query() e QuerySingleOrDefault() della libreria Dapper, che così possono essere chiamati direttamente dall'oggetto transaction.

11. Ricerche Full Text

Cenni di Information Retrieval

L'Information Retrieval è la disciplina che si occupa dell'archiviazione in una **banca dati** di documenti non strutturati, con testo ed anche contenuti multimediali.
Le origini di questa disciplina risalgono a Salton 1968.
Le differenze rispetto ad una base di dati sono che le basi di dati contengono dati di tipo semplice strutturati in tabelle collegate tra di loro. I dati di una base di dati sono soggetti a continui aggiornamenti per poter rappresentare la situazione della realtà che essi rappresentano.
Invece una collezione di documenti, o banca dati, contiene documenti che non sono soggetti a modifiche.
Tra i diversi documenti di una banca dati possono sussistere dei collegamenti (link) sotto forma di citazioni bibliografiche o rimandi, fino a costituire un cosiddetto ipertesto, o iperdocumento.
I Sistemi di Information Retrieval (IRS) si occupano di archiviare e catalogare i documenti per consentire di effettuare ricerche sugli stessi.
Un esempio sono i motori di ricerca del web, oppure i sistemi di ricerca delle pubblicazioni scientifiche o mediche, come Sciencedirect e Pubmed.
Si parla di ricerche FULL TEXT in quanto nell'effettuazione delle ricerche si considera tutto il contenuto di un documento.

☛ In questi sistemi risulta essenziale una adeguata indicizzazione dei contenuti dei documenti: la presenza degli indici è fondamentale per consentire l'effettuazione delle ricerche.
Viceversa, nelle basi di dati, la presenza degli indici ha puramente lo scopo di migliorare l'efficienza delle ricerche, ma non è essenziale.

Per una adeguata indicizzazione, o catalogazione, dei documenti si può usare un vocabolario fisso di termini chiave (thesaurus) oppure si possono utilizzare i termini contenuti nei documenti stessi.
In quest'ultimo caso si devono inizialmente eliminare le parole funzionali al linguaggio ma prive di contenuto informativo, come articoli e preposizioni: si tratta delle cosiddette "stopwords".

Successivamente si applica un processo di estrazione delle radici dei termini contenuti nei documenti (stemming) per consentire una indicizzazione più generale, eliminando le declinazioni di genere e numero.
Ad esempio alber-o, alber-i, alber-ello sono tutte ricondotte alla radice "alber", e ancora mang-iare, mang-iamo, mang-ereccio, mang-iato sono ricondotte alla radice "mang".

Le ricerche possono essere fatte con diverse modalità:

- ricerche booleane

  - esse usano gli operatori logici OR, AND, NEAR, NOT per richiedere, rispettivamente, la presenza di almeno uno dei termini (OR), la presenza di entrambi i termini (AND), la vicinanza nel testo dei termini (NEAR), la assenza del termine indicato (NOT)
  - questo tipo di ricerche recupera tutti e soli i documenti il cui contenuto soddisfa la condizione espressa dall'espressione logica della query
  - per allargare una ricerca che ha prodotto pochi risultati si deve aggiungere qualche altro termine con l'operatore OR e utilizzare termini con significato più generale che siano maggiormente diffusi nei documenti della collezione
  - per restringere una ricerca, che ha prodotto troppi risultati, si deve aggiungere qualche altro termine più specifico con l'operatore AND o NEAR, oppure sostituire singoli termini con delle frasi, oppure escludere termini indesiderati con l'operatore NOT

- ricerche con testo naturale

  - esse usano una frase in linguaggio naturale per esprimere i contenuti cercati, come si è ormai abituati nei moderni motori di ricerca del web
  - il sistema dovrà effettuare un confronto tra il contenuto della query e il contenuto dei documenti della collezione (matching) per individuare quali documenti maggiormente corrispondono alla richiesta dell'utente: si parla di pertinenza o "rilevanza" (relevance) di un documento per quella query
  - la rilevanza viene misurata con un valore numerico calcolato opportunamente per quantificare il grado di corrispondenza, o similarità tra la query e il documento in questione
  - i documenti delle collezione vengono ordinati in base alla loro rilevanza per la query formulata dall'utente

E' importante notare che in entrambi i tipi di ricerche il risultato della query non sarà mai accurato al 100%, nel senso che nella collezione ci possono essere documenti rilevanti che non sono stati recuperati, probabilmente perchè contengono dei termini sinonimi ma diversi da quelli usati dall'utente nella sua ricerca, e anche documenti non rilevanti che sono stati recuperati, a causa della presenza dei termini cercati ma utilizzati in un contesto diverso da quello a cui era interessato l'utente.

Ad esempio, cercando documenti informativi sul cantante Achille Lauro si potrebbero recuperare documenti relativi ad una nave di nome Achille Lauro e anche quelli che parlano dell'eroe mitologico greco, oppure cercando documenti relativi al "patto leonino" tra i soci di una società si potrebbero ottenere anche documenti che parlano degli animali della savana.

Si può quantificare l'accuratezza dei risultati di una ricerca con la seguente matrice (confusion matrix):

Numero di documenti	Rilevanti	Non Rilevanti	Totale
Recuperati	A	B	A + B
Non Recuperati	C	D	C + D
Totale	A + C	B + D	N

Gli indicatori utilizzati sono

Precisione di una ricerca (Precision) = A / (A + B)

Richiamo o grado di copertura (Recall) = A / (A + C)

Esempio

Numero di documenti	Rilevanti	Non Rilevanti	Totale
Recuperati	80	20	100
Non Recuperati	120	9780	9900
Totale	200	9800	10000

Precisione = 80/100 = 80%
Richiamo = 80/200 = 40%

Si vuole solo far notare che il valore del Richiamo è effettivamente calcolabile solo se si è in grado di conoscere l'insieme di tutti i documenti rilevanti della collezione.

Ricerche Full Text con MySql

MySql supporta le ricerche full-text grazie al motore di ricerca Sphinx (http://sphinxsearch.com/).
Le ricerche full-text sono disponibili sia per le tabelle MyISAM che per per le tabelle InnoDB (queste ultime dalla versione 5.6 di MySQL).

MySql supporta le modalità di ricerca booleana e con linguaggio naturale ed inoltre aggiunge la modalità di ricerca con linguaggio naturale e query di espansione.
In ogni caso, i risultati della ricerca vengono ordinati in base alla loro rilevanza.

Si consideri ad esempio la tabella Articoli con un campo contenente un lungo testo descrittivo

```
CREATE TABLE `Articoli` (
    `id` INT(11) NOT NULL AUTO_INCREMENT,
    `datapubblicazione` DATE NOT NULL,
    `titolo` VARCHAR(250) NOT NULL COLLATE 'utf8_general_ci',
    `autore` VARCHAR(50) NOT NULL COLLATE 'utf8_general_ci',
    `testo` TEXT NOT NULL COLLATE 'utf8_general_ci',
    PRIMARY KEY (`id`)
) ENGINE = INNODB
```

Innanzitutto si deve procedere con la creazione di un **indice fulltext** per i campi titolo e testo, che sono di tipo char/varchar/text

```
CREATE FULLTEXT INDEX indice_articoli ON Articoli(titolo, testo)
```

Nel processo di indicizzazione vengono considerate tutte le parole contenute nei campi indicati ad esclusione delle **stopwords**
Per visualizzare le 36 stopword predefinite per la lingua inglese si usa la seguente query

```
SELECT * FROM INFORMATION_SCHEMA.INNODB_FT_DEFAULT_STOPWORD;
```

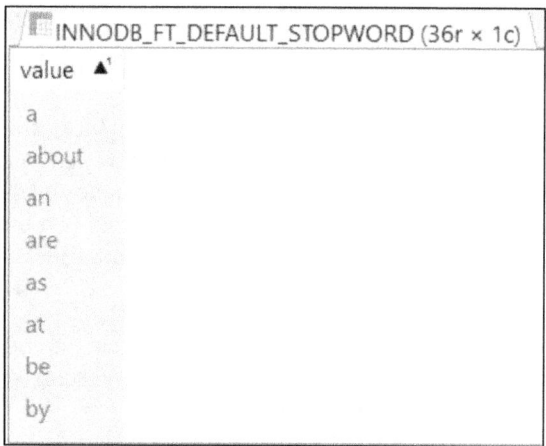

Le stopword predefinite per la lingua inglese

Per creare una propria lista di stopword[4], si crea una tabella con una colonna di tipo VARCHAR e si imposta l'opzione **innodb_ft_server_stopword_table** con il valore del tipo **db_name/table_name**, prima di creare l'indice fulltext.

```
CREATE TABLE my_stopwords(value VARCHAR(30)) ENGINE = INNODB;
```

Poi si inseriscono le stopword in questa tabella, in modo interattivo con un client grafico oppure con comandi SQL del tipo

```
INSERT INTO my_stopwords(value) VALUES ('stopword1');
```

Infine si imposta la nuova tabella come tabella predefinita per le stopword

```
SET GLOBAL innodb_ft_server_stopword_table =
'database_name/my_stopwords';
```

Per MyISAM si deve impostare la variabile **ft_stopword_file**.

☞ Per default, le parole con meno di 3 caratteri non compaiono in un indice fulltext di InnoDB. La lunghezza minima delle parole da inserire nell'indice fulltext è configurabile con l'opzione innodb_ft_min_token_size.
Per MyISAM la lunghezza minima è di 4 caratteri; tale valore è configurabile con l'opzione ft_min_word_len.

---

[4] Vedi in Appendice una lista di stopword per la lingua italiana

Pertanto in una ricerca le parole di lunghezza inferiore a tali valori minimi vengono ignorate.

☞ Diversamente da InnoDB, MyISAM applica un filtro sulle parole troppo frequenti nei documenti della collezione e le considera automaticamente come stopword. In pratica, se un termine compare in almeno il 50% dei documenti della collezione, esso viene ignorato nella ricerca. Pertanto, se la query contiene solo quel termine, non si ottiene nessun risultato!

Le stopword sono parole considerate poco significative perché possono essere usate spesso all' interno delle frasi e non forniscono informazioni sul contenuto semantico del documento stesso.

Infatti, le stopword non hanno un particolare significato se isolate dal testo.

Nella lingua italiana possono essere considerate stopword gli articoli, le congiunzioni, le preposizioni, e le coniugazioni di alcuni verbi di uso comune come sembrare e avere.

Per ogni parola contenuta nei documenti della collezione viene calcolato il livello di signficatività, o rilevanza, rispetto alla query e all'intera collezione.

Pertanto, se una parola è presente in molti documenti essa ha un basso valore semantico. Viceversa, una parola rara diventa molto significativa.

Il punteggio di Rilevanza di un documento rispetto ad una query è un numero reale positivo che tiene conto del numero di termini cercati che sono presenti nel documento e del numero di documenti che contengono ciascun termine cercato.

Questo criterio di calcolo viene denominato TF-IDF (Term Frequency – Inverse Document Frequency).

Per ogni termine t della query si calcola

$TF(t)$ = numero di occorrenze del termine t nel documento in esame

$IDF(t)$ = $LOG10$(numero documenti della collezione / numero di documenti della collezione che contengono il termine t)

$TF\text{-}IDF(t) = TF(t) * IDF(t) * IDF(t)$

Esempio: il termine 'acqua' compare 2 volte in un documento e in 6 documenti sui 10 documenti della collezione ==> TF = 2, IDF = LOG10(10/6) = 0,2218 ==> TF-IDF = 2 * 0,2218 * 0,2218 = 0,0984

Il punteggio complessivo di un documento si calcola sommando il punteggio di ciascun termine della query.

Query in "Natural Language Mode"

Nella formulazione di una query si pensa ai termini che descrivono il contenuto dei documenti cercati. Ad esempio: "voglio migliorare le prestazioni del pc". In questa query i termini "voglio", "le" e "del" non hanno un particolare significato e quindi la query diventa "migliorare prestazioni pc". Poiché la parola "pc" è troppo corta essa verrebbe ignorata, quindi conviene usare al suo posto il termine "computer".

Un esempio di query espressa in linguaggio naturale per recuperare tutti gli articoli che riguardano la "profilazione dei clienti con tecniche di intelligenza artificiale"

```
SELECT * FROM Articoli
   WHERE MATCH (titolo, testo)
   AGAINST ('profilazione dei clienti intelligenza artificiale' IN
   NATURAL LANGUAGE MODE);
```

La ricerca viene effettuata senza distinguere tra minuscolo e maiuscolo (case-insensitive).

Le righe del risultato vengono automaticamente ordinate in base al grado di rilevanza, senza bisogno di aggiungere la clausola ORDER BY.

In pratica, nel ranking dei documenti recuperati, si avranno innanzitutto quelli che contengono tutti i termini della query e via via gli altri documenti con una corrispondenza decrescente con i termini della query.

Per vedere anche i punteggi di rilevanza (score) calcolati per i diversi documenti si scrive

```
SELECT *, MATCH (titolo, testo) AGAINST ('profilazione clienti
intelligenza artificiale' IN NATURAL LANGUAGE MODE) AS score
FROM Articoli
WHERE MATCH (titolo, testo)
   AGAINST ('profilazione dei clienti intelligenza artificiale'
   IN NATURAL LANGUAGE MODE);
```

Se si vuole restringere la ricerca specificando la frase "profilazione dei clienti" piuttosto che i due termini distinti 'profilazione' e 'clienti', la si deve inserire delimitata da virgolette nel testo della query:

```
SELECT *
FROM Articoli
WHERE MATCH (titolo, testo)
   AGAINST ("profilazione dei clienti" intelligenza artificiale'
   IN NATURAL LANGUAGE MODE);
```

Query in "Natural Language Mode with Query Expansion"

Questa modalità di ricerca applica una tecnica di "relevance feedback".
Ovvero, viene dapprima eseguita la query con le parole indicate dall'utente, poi la stessa query viene eseguita nuovamente, in modo automatico, aggiungendovi i termini presenti nei primi documenti recuperati dalla query originaria, quelli maggiormente rilevanti.
In questo modo si ottiene una estensione della query e quindi viene ampliato l'insieme dei documenti recuperati dalla stessa.
Questo meccanismo risulta particolarmente utile quando la query iniziale contiene pochi termini di uso piuttosto generale, come ad esempio la sola parola "MySql".
Si tratta di situazioni dove l'utente non rende esplicite le sue reali intenzioni di ricerca, probabilmente perché non conosce bene l'argomento di interesse e intende esplorarlo.
Mediante questa modalità di ricerca, dai primi documenti recuperati si prendono altri termini come "database", "Oracle", "SqlServer", "RDBMS";

pertanto la seconda esecuzione della query amplia il contenuto semantico della query originaria e consente di ottenere un maggior numero di documenti.

```
SELECT *
FROM Articoli
    WHERE MATCH (titolo, testo)
    AGAINST ('mysql' IN NATURAL LANGUAGE MODE WITH QUERY EXPANSION);
```

☞ Questo meccanismo di "relevance feedback" automatico potrebbe essere migliorato con un siffatto meccanismo svolto in maniera "manuale": dovrebbe essere l'utente che ha formulato la query a stabilire quali sono i documenti più rilevanti, per estrarre da essi altri termini e così riformulare in maniera più appropriata la sua intenzione di ricerca. Si configura così il classico meccanismo delle "query in cascata", tipico delle ricerche bibliografiche.

Query in "boolean mode"

A rigore, il modello classico booleano di Information Retrieval prevede che le query vengano eseguite con la stessa logica delle query dei database, vale a dire che la condizione WHERE contiene una espressione logica con i termini connessi dagli operatori logici NOT, AND, OR e NEAR.
Questa modalità di ricerca stabilisce in maniera booleana, vero o falso, se ciascun documento soddisfa o meno il criterio della query. Non ci sono punteggi di rilevanza e nemmeno un ordinamento (ranking) dei documenti nel risultato della ricerca.
Invece, la cosiddetta modalità "boolean mode" di MySql applica una logica molto vicina a quella del "natural language mode", riprendendo la modalità di ricerca vista a suo tempo con il motore di ricerca per il web utilizzato da Altavista (il migliore motore di ricerca dell'epoca pre-Google).
In sostanza si possono specificare nella query quali termini sono richiesti obbligatoriamente, anteponendo agli stessi il simbolo +, quali sono rifiutati, con il prefisso -, e quali è preferibile ma non obbligatorio avere, senza nessun prefisso.
In questa modalità di ricerca ha senso calcolare un punteggio di rilevanza quando ci sono termini facoltativi, ovvero quelli senza alcun prefisso.

Questa modalità di ricerca consente anche

- l'uso del **carattere jolly** * in coda ad un termine; ad esempio mare* per comprendere mare, maremma, mareblu, mareggiata, maremoto, ...
- l'uso delle **virgolette** per specificare frasi come ad esempio "anidride carbonica"
- l'uso dell'operatore **@distanza** per specificare la distanza massima in parole tra le parole indicate tra virgolette. Ad esempio "collezione mare" @6 che consente di comprendere frasi come "collezione moda mare", "collezione di moda per il mare", "collezione di conchiglie del mare ionio"

Esempio di query espressa in "boolean mode"

```
SELECT *
FROM Articoli
   WHERE MATCH (titolo, testo)
AGAINST('+acqua -mare sorgente bacino' IN BOOLEAN MODE)
```

Stemming e Sinonimi

Nell ricerche full-text si cerca di aumentare il grado di Richiamo (Recall) del risultato di una ricerca.
Il problema è che quando i termini usati dall'utente in una query vengono presi letteralmente dal motore di ricerca si ottengono risultati piuttosto poveri, nel senso che non vengono considerati termini che sono una variante (singolare/plurale, maschile/femminile) oppure che sono sinonimi di quelli indicati dall'utente (esempio: casa, appartamento, dimora, abitazione, locale, ...).
Purtroppo MySql non applica lo "stemming" e non prevede nemmeno un thesaurus con i sinonimi.
Una possibile sintassi per query che considerano lo stemming dei termini potrebbe essere la seguente

```
SELECT * FROM Articoli
WHERE MATCH (titolo, testo)
AGAINST ('STEMMED FORM OF ENGLISH "rainy"');
```

che sottointende i termini 'rain rainy raining rained'.

Appendice 1 - PHP e la classe PDO

Dalla versione 5 del linguaggio PHP è stata introdotta la classe PDO (PHP Database Object) che consente di gestire in modo uniforme l'accesso ai diversi DBMS, nello stesso modo in cui opera la libreria ADO.NET utilizzata da C#.
PDO, i diversi DBMS prevedevano istruzioni PHP completamente diverse per essere utilizzati, facendo perdere di flessibilità al codice prodotto: ad esempio nel caso di passaggio da SQLite a MySQL si doveva riscrivere gran parte del codice dell'applicazione.
Con la classe PDO questo problema è stato superato.
Anche in PHP si creano le classi DTO e le classi DAO con i metodi CRUD.
Ad esempio, la classe Proprietario che rappresenta i dati della tabella Proprietari

Proprietario.php
```
class Proprietario
{
    public $CodiceFiscale;
    public $Nome;
    public $CittàResidenza;
    public $DataPatente;
}
```

il file di configurazione

config.php
```
// definizione delle costanti per l'accesso
// al database di MySQL
define("SERVER", "localhost");
define("DBNAME", "azienda");
define("USER", "root");
define("PASSWORD", "");
```

e la classe GestioneProprietari con i metodi CRUD

GestioneProprietari.php
```
include_once("Proprietario.php");
include_once("config.php");

class GestioneProprietari
{
    // attributo per la stringa di errore
```

```php
  public $errore;

  // costruttore
  public function __construct()
  { $errore = ""; }

  // metodi CRUD per l'accesso al database

  // metodo che ritorna un array di oggetti con
  //tutti i proprietari
  public function recupera_tutti()
  {
    $array = array();
    try
    {
      $con = "mysql:host=".SERVER.";dbname=".DBNAME;
      // usa la classe PDO per connettersi al database
      $db = new PDO($con, USER, PASSWORD);
      // solleva una eccezione in caso di errore
      // (per default non fa niente!)
      $db->setAttribute(PDO::ATTR_ERRMODE,
                       PDO::ERRMODE_EXCEPTION);

      $sql = "SELECT * FROM Proprietari
              ORDER BY CodiceFiscale";
      // predispongo l'oggetto che invierà la query al DBMS
      $pdostatement = $db->prepare($sql);
      // eseguo la query
      $pdostatement->execute();
      // l'oggetto PDO riempie l'array di proprietari
      // con una sola istruzione
      $array = $pdostatement->fetchAll(PDO::FETCH_CLASS,
              "Proprietario");
      // chiudo la connessione con il database
      $db = null;
    }
    catch(Exception $e)
    {
      // catturo gli errori di connessione e di accesso
      // al database
      $this->errore = $e->getMessage();
    }
    return $array;
  }
}
```

In alternativa si potrebbe lavorare in stile C# scorrendo le righe di dati contenute nel result set.

```php
....
$pdostatement->execute();
$res = $pdostatement->fetchAll();
foreach($res as $row)
{
  $p = new Proprietario();
  $p->CodiceFiscale = $row["CodiceFiscale"];
  $p->Nome = $row["nome"];
  $p->CittàResidenza = $row["CittàResidenza"];
  $p->DataPatente = $row["DataPatente"];
  $array[] = $p;
}
```

Esempio con query parametrica

```php
// metodo che ritorna un oggetto
// oppure false se non c'è il record cercato
public function recupera_proprietario_per_codice($codice)
{
  $proprietario = false;
  try{
    $con = "mysql:host=".SERVER.";dbname=".DBNAME;
    $db = new PDO($con, USER, PASSWORD);
    // solleva una eccezione in caso di errore
    $db->setAttribute(PDO::ATTR_ERRMODE,
                     PDO::ERRMODE_EXCEPTION);
    // query parametrica
    $sql = "SELECT * FROM Proprietari
            WHERE CodiceFiscale = ?";
    $pdostatement = $db->prepare($sql);
    $pdostatement->bindParam(1, $codice);
    $pdostatement->execute();
    // se non c'è nessun proprietario con il codice richiesto
    // ritorna FALSE
    $proprietario = $pdostatement->
                            fetchObject("Proprietario");
    // chiudo la connessione con il database
    $db = null;
  }
  catch(Exception $e)
  {
    $this->errore = $e->getMessage();
  }
}
```

```
    return $proprietario;
}
```

Inserimento di un record

```
// metodo che ritorna il numero di record inseriti
public function inserisci($proprietario)
{
  $n = 0;
  // numero di record effettivamente inseriti
  try{
    $con = "mysql:host=".SERVER.";dbname=".DBNAME;
    $db = new PDO($con, USER, PASSWORD);
    // solleva una eccezione in caso di errore (per default
    // non fa niente!)
    $db->setAttribute(PDO::ATTR_ERRMODE,
                      PDO::ERRMODE_EXCEPTION);
    // query parametrica per evitare rischi di SQL INJECTION
    $sql = "INSERT INTO Proprietari(CodiceFiscale, Nome,
          CittàResidenza, DataPatente) VALUES(?, ?, ?, ?)";
    $pdostatement = $db->prepare($sql);
    $pdostatement->bindParam(1, $proprietario->
                                        CodiceFiscale);
    $pdostatement->bindParam(2, $proprietario->Nome);
    $pdostatement->bindParam(3, $cproprietario->
                                        CittàResidenza);
    $pdostatement->bindParam(4, $proprietario->DataPatente);
    $pdostatement->execute();
    $n = $pdostatement->rowCount(); // risulta 1
    // chiudo la connessione con il database
    $db = null;
  }
  catch(PDOException $e)
  {
    $this->errore = $e->getMessage();
  }
  return $n;
}
```

Nel caso di transazioni si scrive qualcosa come il seguente codice

```
try{
  $con = "mysql:host=".SERVER.";dbname=".DBNAME;
  $db = new PDO($con, USER, PASSWORD);
  // inizia la transazione
  $db->beginTransaction();
```

```php
  $sql1 = "UPDATE ….";
  $sql2 = "UPDATE ….";
  $pdostatement1 = $db->prepare($sql1);
  $pdostatement2 = $db->prepare($sql2);
  try{
    $pdostatement1->execute();
    $pdostatement2->execute();
    $db->commit();
  }
  catch (Exception $e2)
  {
    $db->rollBack();
  }
  // chiudo la connessione con il database
  $db = null;
  }
  catch(Exception $e)
  {
    $this->errore = $e->getMessage();
  }
```

In definitiva, con PHP 5 la programmazione dei database è molto simile a quella che si effettua con i linguaggi di programmazione Java e C#.

Appendice 2 - Utilizzo di Stored Procedure

Per esemplificare l'utilizzo di stored procedure, si considera la tabella Proprietari del database "pra", dove il CodiceFiscale è chiave primaria.

Tabella Proprietari

Nome colonna	Data Type
CodiceFiscale	char(16)
Nome	varchar(100)
CittàResidenza	varchar(100)
DataPatente	date

La corrispondente classe in linguaggio C# è la seguente:

```
public class Proprietario
{
    public string CodiceFiscale { get; set; }
    public string Nome { get; set; }
    public string CittàResidenza { get; set; }
    public DateTime? DataPatente { get; set; }
}
```

La stored procedure per effettuare l'inserimento di un nuovo proprietario, riceve in input tutti i dati dello stesso.

CREATE PROCEDURE InserisciProprietario(**IN** CodiceFiscale **char**(16), **IN** Nome **varchar**(100), **IN** CittàResidenza **varchar**(100), **IN** DataPatente **date**)
BEGIN
  INSERT INTO Proprietari(CodiceFiscale, Nome, CittàResidenza, DataPatente)
  VALUES (CodiceFiscale, Nome, CittàResidenza, DataPatente);
END

Per chiamare la suddetta stored procedure, nel metodo InserisciProprietario, si deve creare un oggetto MySqlCommand con il nome della procedura e la connessione al database e poi si deve specificare che si tratta di un comando di tipo "StoredProcedure".

```
public class GestioneDati
{
   public string stringaConnessione;

   public GestioneDati()
   {
      stringaConnessione =
      "server=localhost;user=root;password=root;database=pra";
   }

   public string InserisciProprietario(Proprietario p)
   {
      string errore = "";
      using MySqlConnection con =
         new MySqlConnection(stringaConnessione);
      con.Open();
      MySqlCommand cmd =
            new MySqlCommand("InserisciProprietario", con);
      cmd.CommandType = CommandType.StoredProcedure;
      cmd.Parameters.AddWithValue("CodiceFiscale",
                                  p.CodiceFiscale);
      cmd.Parameters.AddWithValue("Nome", p.Nome);
      cmd.Parameters.AddWithValue("CittàResidenza",
                                  p.CittàResidenza);
      cmd.Parameters.AddWithValue("DataPatente", p.DataPatente);
      try
      {
         cmd.ExecuteNonQuery();
      }
      catch (MySqlException ex)
      {
         errore = ex.Message;
      }
      return errore;
   }
}
```

Il metodo Main crea un oggetto con i dati del proprietario da inserire e chiama il suddetto metodo.

```
using System.Data;

GestioneDati g = new GestioneDati();
Proprietario p = new Proprietario()
{
   CodiceFiscale = "ABC999",
   Nome = "Franchi Leo",
   CittàResidenza = "Treviso",
   DataPatente = Convert.ToDateTime("2023-07-31")
};

string err = g.InserisciProprietario(p);
if (err != "")
{ Console.WriteLine(err); }
else
{ Console.WriteLine("ok"); }
```

Se si avesse un ID autoincrementante piuttosto che il CodiceFiscale, si può programmare la stored procedure per restituire il valore dell'Id generato automaticamente mediante un apposito parametro di output.

CREATE PROCEDURE InserisciProprietario(**IN** Nome **varchar**(100), **IN** CittàResidenza **varchar**(100), **IN** DataPatente **date**, **OUT** Id **int**)
BEGIN
  INSERT INTO Proprietari(Nome, CittàResidenza, DataPatente)
  VALUES (Nome, CittàResidenza, DataPatente);
  SELECT LAST_INSERT_ID() INTO Id;
END

Per dichiarare il parametro di output si deve specificare la Direction dello stesso con valore Output e quindi si può recuperare il valore del parametro utilizzando la sua proprietà Value.

```
// classe GestioneDati

// versione con ID autoincrementante
public string InserisciProprietario(Proprietario p)
   {
      string esito = "";
      using MySqlConnection con =
```

```
        new MySqlConnection(stringaConnessione);
    con.Open();
    MySqlCommand cmd = new MySqlCommand("InserisciProprietario",
                                        con);
    cmd.CommandType = CommandType.StoredProcedure;
    cmd.Parameters.AddWithValue("Nome", p.Nome);
    cmd.Parameters.AddWithValue("CittàResidenza",
                                p.CittàResidenza);
    cmd.Parameters.AddWithValue("DataPatente", p.DataPatente);
    // il parametro di output
    MySqlParameter r =
        cmd.Parameters.Add("matricola", MySqlDbType.Int32, 4);
    r.Direction = ParameterDirection.Output;
    try
    {
        cmd.ExecuteNonQuery();
        esito = "ID = " + r.Value;
    }
    catch (MySqlException ex)
    {
        esito = ex.Message;
    }
    return esito;
}
```

Esempio di utilizzo del suddetto metodo

```
// Main
GestioneDati g = new GestioneDati();
Proprietario p = new Proprietario()
{
   CodiceFiscale = "ABC888",
   Nome = "Franchi Pino",
   CittàResidenza = "Treviso",
   DataPatente = Convert.ToDateTime("2021-08-31")
};

string err = g.InserisciProprietario(p);
Console.WriteLine(esito);
```

Infine, si scrive una procedura che restituisce i proprietari di una determinata città, fornita in input.

CREATE PROCEDURE RecuperaProprietari(**IN** Città **varchar**(100))
BEGIN
 SELECT CodiceFiscale, Nome
 FROM Proprietari
 WHERE CittàResidenza = Città;
END

Il metodo che chiama la suddetta procedura deve semplicemente specificare che il MySqlCommand è di tipo StoredProcedure.
Il risultato viene memorizzato in una lista di oggetti dynamic, per non dover definire esplicitamente una classe con le sole proprietà CodiceFiscale e Nome.

```
// classe GestioneDati

   public List<dynamic> RecuperaProprietariPerCittà(string città)
   {
      using MySqlConnection con =
         new MySqlConnection(stringaConnessione);
      con.Open();
      MySqlCommand cmd = new MySqlCommand("RecuperaProprietari",
                                           con);
      cmd.CommandType = CommandType.StoredProcedure;
      cmd.Parameters.AddWithValue("Città", città);
      MySqlDataReader reader = cmd.ExecuteReader();
      List<dynamic> lista = new List<dynamic>();
      while (reader.Read())
      {
         lista.Add(new
            {
               CodiceFiscale = (string) reader["CodiceFiscale"],
               Nome = (string) reader["Nome"],
            });
      }
      reader.Close();
      return lista;
   }
```

Il metodo Main() consente di effettuare un piccolo test

```
// Main
GestioneDati g = new GestioneDati();

List<dynamic> listap = g.RecuperaProprietariPerCittà("Treviso");
foreach (dynamic d in listap)
{
    Console.WriteLine(d.CodiceFiscale + " " + d.Nome);
}
```

Appendice 3 - Generatore di classi

Si riporta il codice della classe POCOgenerator che ha lo scopo di generare il codice C# delle classi che rappresentano le tabelle di un database.

```
using System;
using MySql.Data.MySqlClient;
using System.Data;

namespace ProvaMysqlDapper
{
    // versione modificata dal sottoscritto del PocoClassGenerator
    public class POCOgenerator
    {
        private readonly Dictionary<Type, string> TypeAliases =
            new Dictionary<Type, string> {
            { typeof(int), "int" },
            { typeof(short), "short" },
            { typeof(byte), "byte" },
            { typeof(byte[]), "byte[]" },
            { typeof(long), "long" },
            { typeof(double), "double" },
            { typeof(decimal), "decimal" },
            { typeof(float), "float" },
            { typeof(bool), "bool" },
            { typeof(string), "string" },
            { typeof(DateTime), "DateTime"} };
        private MySqlConnection con;

        public POCOgenerator(string strcon)
        {
            con = new MySqlConnection(strcon);
        }

        public string Genera()
        {
            con.Open();
            // recupero i nomi delle tabelle
            List<string> arr = con.GetSchema("tables").Select()
               .Select(x => x["TABLE_NAME"].ToString()).ToList();
            // recupero le chiavi esterne
            List<string> arrFK =
               con.GetSchema("Foreign Key Columns")
```

```csharp
                .Select()
                .Select(x => x["TABLE_NAME"] + "," +
                        x["COLUMN_NAME"])
                .ToList();    // tabella,chiave_esterna
            con.Close();

            string risultato = "";
            foreach (string nomeTabella in arr)
            {
                con.Open();
                risultato = risultato + "\n" + "public class " +
                    nomeTabella.UpperFirstChar() + "\n" + "{" + "\n";
                MySqlCommand cmd = new MySqlCommand("select * from "
                    + nomeTabella + " where 1 = 2", con);
                MySqlDataReader reader = cmd.ExecuteReader();
                DataTable schema = reader.GetSchemaTable();
                foreach (DataRow row in schema.Rows)
                {
                    bool isKey = (bool) row["IsKey"];
                    bool allowDbNull = (bool) row["AllowDbNull"];
                    Type type = (Type) row["DataType"];
                    string name = TypeAliases.ContainsKey(type) ?
                        TypeAliases[type] : type.FullName;
                    string columnName = (string) row["ColumnName"];
                    bool isFK = arrFK.Any(x =>
                            x.Split(",")[0]==nomeTabella
                            && x.Split(",")[1]==columnName);
                    risultato += (isKey ? "[Key]\n" : "");
                    risultato += (isFK ? "[Foreign Key]\n" : "");
                    risultato += "public " + name
                            + (allowDbNull ? "?" : "")
                            + " " + columnName.UpperFirstChar()
                            + " {get; set;} "+ "\n";
                }
                risultato += "}" + "\n";
                con.Close();
            }
            return risultato;
        }
    }
```

```csharp
    public static class StringExtensions
    {
        // metodo di estensione
        // che rende maiuscola la prima lettera
        public static string UpperFirstChar(this string input)
        {
            if (string.IsNullOrEmpty(input))
            { return null; }
            return char.ToUpper(input[0]) + input.Substring(1);
        }
    }
}
```

Per eseguire il programma si chiama il seguente metodo Main()

```csharp
// metodo Main()
string sConnessione =
   "server=localhost;user=root;password=root;database=pra";

POCOgenerator g = new POCOgenerator(sConnessione);
string codice = g.Genera();

Console.WriteLine(codice);
// si devono poi correggere al singolare i nomi delle classi
// e aggiungere le navigation property
```

Si ottiene il seguente output su console

```csharp
public class Automobili
{
[Key]
public string Targa {get; set;}
public string? Modello {get; set;}
public int? Cilindrata {get; set;}
[Foreign Key]
public string ProprietarioID {get; set;}
}

public class Proprietari
{
[Key]
public string CodiceFiscale {get; set;}
public string? Nome {get; set;}
public string? CittàResidenza {get; set;}
public DateTime? DataPatente {get; set;}
}
```

Nel caso di chiavi composte si ottiene il seguente codice, da aggiustare opportunamente

```
public class Interpretazioni
{
[Key]
[Foreign Key]
public string FilmID {get; set;}
[Key]
[Foreign Key]
public string AttoreID {get; set;}
public string? Ruolo {get; set;}
}
```

Appendice 4 – Elenco STOPWORD

Un elenco di stopword per la lingua italiana da usare nelle ricerche fulltext.

ad	sui	lo	a
al	sugli	la	c
allo	sull	li	e
ai	sulla	le	i
agli	sulle	gli	l
all	per	ne	o
alla	tra	il	ho
alle	contro	un	hai
con	io	uno	ha
col	tu	una	abbiamo
coi	lui	ma	avete
da	lei	ed	hanno
dal	noi	se	abbia
dallo	voi	perché	abbiate
dai	loro	anche	abbiano
dagli	mio	come	avrÚ
dall	mia	dov	avrai
dagl	miei	dove	avr‡
dalla	mie	che	avremo
dalle	tuo	chi	avrete
di	tua	cui	avranno
del	tuoi	non	avrei
dello	tue	più	avresti
dei	suo	quale	avrebbe
degli	sua	quanto	avremmo
dell	suoi	quanti	avreste
della	sue	quanta	avrebbero
delle	nostro	quante	avevo
in	nostra	quello	avevi
nel	nostri	quelli	aveva
nello	nostre	quella	avevamo
nei	vostro	quelle	avevate
negli	vostra	questo	avevano
nell	vostri	questi	ebbi
nella	vostre	questa	avesti
nelle	mi	queste	ebbe
su	ti	si	avemmo
sul	ci	tutto	aveste
sullo	vi	tutti	ebbero

avessi	eravamo	fareste	staremo
avesse	eravate	farebbero	starete
avessimo	erano	facevo	staranno
avessero	fui	facevi	starei
avendo	fosti	faceva	staresti
avuto	fu	facevamo	starebbe
avuta avuti	fummo	facevate	staremmo
avute	foste	facevano	stareste
sono	furono	feci	starebbero
sei	fossi	facesti	stavo
è	fosse	fece	stavi
siamo	fossimo	facemmo	stava
siete	fossero	faceste	stavamo
sia	essendo	fecero	stavate
siate	faccio	facessi	stavano
siano	fai	facesse	stetti
sarò	facciamo	facessimo	stesti
sarai	fanno	facessero	stette
sarà	faccia	facendo	stemmo
saremo	facciate	sto	steste
sarete	facciano	stai	stettero
saranno	farò	sta	stessi
sarei	farai	stiamo	stesse
saresti	farà	stanno	stessimo
sarebbe	faremo	stia	stessero
saremmo	farete	stiate	stando
sareste	faranno	stiano	
sarebbero	farei	starò	
ero	faresti	starai	
eri	farebbe	starà	
era	faremmo		

www.ingramcontent.com/pod-product-compliance
Lightning Source LLC
Chambersburg PA
CBHW071415170526
45165CB00001B/281